Gestão do lazer e do entretenimento

Gestão do lazer e do entretenimento

ORGANIZADORES

Rosangela Martins de Araujo Rodrigues
Luiz Wilson Pina
Karina Lima da Cunha Poli

Copyright© 2016 por Brasport Livros e Multimídia Ltda.

Todos os direitos reservados. Nenhuma parte deste livro poderá ser reproduzida, sob qualquer meio, especialmente em fotocópia (xerox), sem a permissão, por escrito, da Editora.

Editor: Sergio Martins de Oliveira
Diretora: Rosa Maria Oliveira de Queiroz
Gerente de Produção Editorial: Marina dos Anjos Martins de Oliveira
Copidesque: Camila Britto da Silva
Revisão: Maria Helena A. M. de Oliveira
Editoração Eletrônica: SBNigri Artes e Textos Ltda.
Capa: Trama Criações

Técnica e muita atenção foram empregadas na produção deste livro. Porém, erros de digitação e/ou impressão podem ocorrer. Qualquer dúvida, inclusive de conceito, solicitamos enviar mensagem para **editorial@brasport.com.br**, para que nossa equipe, juntamente com o autor, possa esclarecer. A Brasport e o(s) autor(es) não assumem qualquer responsabilidade por eventuais danos ou perdas a pessoas ou bens, originados do uso deste livro.

G393

    Gestão do lazer e do entretenimento / Rosangela Martins de Araujo Rodrigues; Luiz Wilson Pina, Karina Lima da Cunha Poli (organizadores) - Rio de Janeiro: Brasport, 2016.

    ISBN: 978-85-7452-748-2

    1. Gerenciamento de projetos 2. Lazer - Gestão I. Rodrigues, Rosangela Martins de Araujo II. Pina, Luiz Wilson III. Poli, Karina Lima da Cunha IV. Título

CDD: 306.481

Ficha Catalográfica elaborada por bibliotecário – CRB7 6355

BRASPORT Livros e Multimídia Ltda.
Rua Pardal Mallet, 23 – Tijuca
20270-280 Rio de Janeiro-RJ
Tels. Fax: (21) 2568.1415/2568.1507
e-mails: marketing@brasport.com.br
          vendas@brasport.com.br
          editorial@brasport.com.br
site: **www.brasport.com.br**

Filial SP
Av. Paulista, 807 – conj. 915
01311-100 – São Paulo-SP

*Aos meus filhos Gabriel, Matheus e Clara,
que me inspiram e me movem!*

Rosangela M. A. Rodrigues

*Para Sandra, a melhor companheira para os
caminhos da vida!*

Luiz Wilson Pina

Agradecimentos

Especialmente à minha mãe Geralda pela amizade, pelo amor incondicional e por sua incansável colaboração para que eu me dedique aos estudos e trabalho.

Ao meu pai Liviete, que me mostrou os principais valores de cidadania e incentivou meus primeiros passos na profissão.

Ao meu marido Sidnei, que pelos caminhos da vida abriu espaço para esta produção e me incentiva constantemente.

À minha família, entusiasta, única, indispensável e com quem compartilho os desafios da vida pessoal e profissional.

Aos meus amigos e amigas, com que a trajetória profissional e acadêmica me presenteou, que sempre me incentivaram a produzir e me deram espaço para disseminar reflexões e ações.

Aos estudantes, que, mesmo após o tempo de escola, mantêm contato para juntos continuarmos a aprender e inovar.

Aos meus parceiros desta obra, Karina e Pina, que acreditaram na possibilidade de juntos contribuirmos de forma interdependente com os estudos do lazer e do entretenimento.

Rosangela Martins de Araujo Rodrigues

A todos que contribuíram para a realização desta obra.

Luiz Wilson Pina

Sobre os Autores

José Arthur Fernandes Barros – Mestre em Ciências do Esporte – USP (Gestão do Esporte), Especialista em Administração de Marketing – UNISAL, Membro da ALGEDE (*Asociación Latino-americana de Gerencia Deportiva*), da AIGD (Aliança Intercontinental de Gestão do Desporto), do GEPAE-USP (Grupo de Estudos e Pesquisa em Gestão do Esporte da USP), do GEPECOM-USP (Grupo de Estudos e Pesquisa em Comunicação e Marketing do Esporte da USP), da ABRAGESP (Associação Brasileira de Gestão do Esporte) e do Panathlon Club International de São Paulo.

Karina Lima da Cunha Poli – Doutora e Mestre em Ciências da Comunicação pela Escola de Comunicações e Artes da Universidade de São Paulo. Atuou como parecerista do Ministério da Cultura, professora e consultora de projetos culturais em diversas instituições de ensino e centros culturais.

Luiza Ribeiro do Valle – Administradora de empresas pela Fundação Getúlio Vargas. Estudante de Dança, Teatro e Canto na Europa com diferentes mestres no Teatro Natura, Odin Teatret e Ecole de Théâtre Philippe Gaulier. Produtora e mobilizadora de recursos em instituições do mercado cultural e social, como a Fundação Bienal de São Paulo, Oficina de Ideias, Associação Casa Azul FLIP (Festa Literária de Paraty), Goethe Institute, Centro de Cultura Judaica e Sesc-SP. A partir de 2013, com a empresa Contexto Cultural, geriu projetos de teatro com patrocínio do Banco Volkswagen, de reponsabilidade social com o Banco Toyota e de audiovisual com o Banco Itaú. Atualmente é Sócia-Diretora da LILAC Gestão Cultural.

Luiz Wilson Pina – Graduado em Ciências Econômicas, com Especialização em Elaboração e Avaliação de Projetos pela FMU-SP, em Lazer e Recreação pela Unicamp e em Gestão Ambiental pelo Senac-SP. Mestre em Educação Ambiental pela Unip-SP e em Lazer e Recreação pela Unicamp. Consultor em Lazer e Entretenimento, e em Planejamento do Lazer. Membro do GIEL (Grupo Interdisciplinar de Estudos do Lazer), EACH USP-Leste e do GEPGEL (Grupo de Estudos e Pesquisa sobre a Gestão das Experiências de Lazer), UNB.

Rosangela Martins de Araujo Rodrigues – Mestranda em Ciências da Atividade Física – Escola de Artes, Ciências e Humanidades da Universidade de São Paulo, Especialista em Lazer e Animação Sociocultural – Senac-SP e em Administração de Centros de Lazer – FESP (Fundação Escola de Sociologia e Política de São Paulo), Licenciada em Educação Física – UMC (Universidade de Mogi das Cruzes), Membro do GEPGEL (Grupo de Estudos e Pesquisa sobre Gestão de Experiência de Lazer), do GESPORTE (Gestão e Marketing da Educação Física, Esporte, Saúde e Lazer) – Universidade de Brasília e do GIEL (Grupo Interdisciplinar de Estudos do Lazer) – EACH USP. Docente em Metodologia da Pesquisa, Atuação Multidisciplinar, Práticas Presenciais no Ensino Superior, Gestão de Projetos de Lazer e Entretenimento e Estudos do Lazer, Coordenadora da pós-graduação em Gestão do Lazer e do Entretenimento – Senac-SP e Certificada em PMDPro (*Project Management for Development Professional*) pela APMGroup. Associada à WLO (*World Leisure Organization*).

Sandra de Campos Seixas – Bacharel em Ciências Jurídicas e Sociais, Advogada com registro na OAB, com Especialização em Gestão Ambiental pelo Senac-SP. Consultora em Direito do Lazer e do Entretenimento e em Direito da Infância e da Juventude.

Prefácio

Antonio Carlos Bramante, Ph. D.[1]

É sempre uma mistura de grande prazer e enorme responsabilidade escrever o prefácio de um livro. Quando essa tarefa envolve desafios da própria temática, aliada a um grupo de autores de larga amizade, amplia-se essa mescla de sensações.

Já tive a oportunidade de falar e escrever sobre os desafios de combinar o "exercício de controles" (um dos elementos fundantes do processo de gestão) com a "facilitação da liberdade" (essência da experiência de lazer). O que eu denomino de "incompatibilidade paradigmática" pode (e deve) ser superada por aqueles que têm como responsabilidade gerir ambientes e programas de lazer e de entretenimento.

A começar por esse binômio, lazer-entretenimento, repleto de polaridades, os autores deste livro oferecem o devido enfoque conceitual ao tema. Habitualmente, constitui-se um desafio intelectual gerar conceitos que tra-

---

[1] Professor visitante no **GESPORTE** – Laboratório de Gestão e Marketing da Educação Física, Saúde, Esporte e Lazer. Faculdade de Educação Física. Universidade de Brasília.

gam consigo certa carga de operacionalidade, para que possamos evoluir no seu pensamento estratégico e no desenvolvimento de uma intervenção profissional qualificada, especialmente quando tratamos do campo do lazer e do entretenimento.

Diferentemente de muitos outros países, nos quais o lazer e o entretenimento receberam igual importância dentro da academia, tanto nos aspectos conceituais como nos desafios da sua gestão, no Brasil, particularmente após os anos 1970, a pesquisa teórica avançou muito mais do que a pesquisa aplicada. Mesmo frente à complexidade desses fenômenos, o Brasil é um dos países no qual seus conceitos foram mais estudados e pesquisados, servindo até mesmo de referência internacional, na medida em que outros centros de excelência têm tido acesso ao que se produz aqui. Por outro lado, quando se busca referências na sistematização desse conhecimento, visando qualificar a intervenção profissional nesse campo de atuação, a academia está muito distante de ter essa liderança.

No presente-futuro, um dos desafios do mundo acadêmico será equilibrar estudos e pesquisas entre essas duas dimensões, dando o devido valor para a complexa gestão daquilo que é por natureza de livre expressão. Gerenciar a obrigação é simples, o quase impossível é estabelecer diretrizes gerenciais que visem o alargamento das experiências de lazer no campo da liberdade conquistada para desenvolver conhecimentos, habilidades e atitudes que favoreçam uma crescente adesão e aderência no amplo repertório hoje existente nesse campo.

A literatura especializada internacional é riquíssima em relação à geração e aplicação de ferramentas de gestão, em particular quando se trata de melhor conhecer as pessoas que serão beneficiadas por esses serviços. O avanço nos diagnósticos e inventários de lazer, com o auxílio da tecnologia de informação, permite hoje esquadrinhar tendências que poderão em muito auxiliar aqueles que dirigem organizações que oferecem esse tipo de serviços, independentemente do *locus* de sua ocorrência.

Especialmente dentro da esfera pública, se a intenção for transformar a pura adesão em processos de aderência que favoreçam a educação para o lazer mais diversificado e abrangente, haverá a necessidade de criar bancos de dados inteligentes, evoluindo da mera informação retratada por planilha de dados demográficos pessoais para a inclusão de questões psicográficas que identifiquem hábitos e desejos nessa esfera da vida humana.

Dessa forma, teremos a possibilidade de conhecer mais e melhor tanto o usuário real como o usuário em potencial de nossos programas, gerando oportunidades para projetar tendências com maior acuidade e, em tese, antecipar as expectativas das pessoas.

Enquanto hoje estamos tratando da "Administração 3.0"[2] tendo por base o desenvolvimento de "Algoritmos Sociais Inteligentes" e a transformação de gestão para "Curadoria de Plataformas Digitais Participativas", tais como tem sido feito por empresas como Uber, Mercado Livre, Estante Virtual, etc. nesta segunda década do século XXI, no campo da gestão do lazer e do entretenimento no Brasil ainda estamos em meados da década do século XX, trabalhando na perspectiva da oferta de atividades recreativas sem ao menos conhecer mais profundamente a quem elas se destinam.

Vencer esse hiato não é uma tarefa simples, mas, quando lemos este livro, o primeiro no gênero em nosso país, renovam-se as esperanças para que aqueles que estudam e pesquisam o lazer e o entretenimento venham a incluir o tema "gestão" em suas agendas.

Os autores partem de uma conceituação moderna, considerando esses fenômenos como elementos da cultura, historicamente construídos e assim tratados, cobrindo largo espectro de sua base administrativa, do setor público à esfera privada e o chamado "terceiro setor".

A abordagem desses temas na perspectiva do direito avança no que existe na literatura, ao explorar questões ligadas ao direito "ao" lazer e o direito "do" lazer, ou seja, a relação entre aqueles que usufruem e aqueles que ofertam as referidas experiências.

No campo da gestão de pessoas, o livro apresenta uma visão atualizada, tratando do papel da liderança nesse processo, calcado em conhecimentos, habilidades e atitudes, apresentando a comunicação como elemento essencial no sucesso de qualquer iniciativa na área. A ideia de criar modelos explicativos para a gestão do lazer e do entretenimento apresenta-se como uma necessidade, gerando "mapas" que orientem caminhos possíveis e até mesmo ousando na criação de taxionomias, mesmo que elas sejam transitórias.

---

[2] NEPOMUCENO, Carlos. **Administração 3.0:** por que e como "uberizar" uma organização tradicional. Rio de janeiro: Nepô Editora, 2016.

Marketing é apresentado no livro através de suas funções, estágios e natureza, evoluindo dos produtos para os serviços e, no campo do lazer e do entretenimento, para as experiências. A maneira como o tema é tratado, separadamente, como "lazer cultural" e "lazer esportivo" facilita o entendimento e leva o leitor a trazer para a sua realidade possibilidades de avanços nesse campo de intervenção.

Captação de recursos para viabilizar programas e projetos nessas áreas foi sempre um desafio, particularmente em um momento delicado como o atual, de escassos recursos, em que vivemos. Certamente, o quadro de isenções fiscais possíveis para captação de recursos apresentado no livro poderá abrir uma nova perspectiva de apoio às ações de lazer e de entretenimento levadas a cabo tanto pela iniciativa privada como pelo poder público. Ainda há uma imensa possibilidade de arrecadar novos subsídios para fazer frente ao desenvolvimento de novas ações qualificadas, ainda pouco explorados. Conhecer essas possibilidades é um primeiro passo para sistematizar propostas.

Provavelmente, uma das partes mais importantes do livro resume-se no alerta que é chegada a hora (ou já passamos da hora...) de parar de edificar ambientes de lazer e entretenimento sem os devidos estudos de viabilidade antes de iniciar qualquer obra. O passo a passo apresentado poderá instrumentalizar o corpo técnico sobre como planejar instalações e, mais importante, se é mesmo essencial fazê-las, em um momento de parcos recursos. É de vital importância explorar os meios de comunicação para esclarecer o que já existe, ampliando e diversificando a programação, investindo em pessoas e mantendo a rede física existente em boas condições de uso. Como o próprio texto sugere, dada a natureza interdisciplinar dos fenômenos lazer e entretenimento na atualidade, é fundamental atuar com uma equipe multidisciplinar.

Além dos agradecimentos de praxe, cumprimento os autores pela obra inédita e espero que, como eu, todos os leitores possam compreender melhor o que o lazer e o entretenimento representam na atualidade e como melhor se preparar para realizar uma gestão de qualidade. Boa leitura!

Sumário

Introdução 1

1. **Referências Conceituais do Lazer, da Recreação e do Entretenimento** 7

   1.1. Lazer e entretenimento na civilização do século XXI: o uso do tempo social 9

   1.2. Referências conceituais: lazer, recreação e entretenimento 14

   1.3. Observações e conclusões 22

   1.4. Referências bibliográficas 26

2. **Fundamentos da Gestão para o Lazer e o Entretenimento** 28

   2.1. As organizações do lazer e do entretenimento 31

      2.1.1. Conhecendo as organizações 31

      2.1.2. As organizações do setor privado, com finalidades lucrativas 33

      2.1.3. As organizações do setor público 35

      2.1.4. As organizações privadas sem finalidades lucrativas 36

   2.2. Características comuns às organizações do lazer e do entretenimento 37

      2.2.1. Finalidades e/ou objetivos específicos e explícitos 37

      2.2.2. Produto de uma cultura determinada 38

      2.2.3. Instrumento de realização social de ideias e de propostas de ação . . 38

      2.2.4. Instrumento de expressão, comunicação e difusão cultural 38

      2.2.5. Direcionadas para a prestação de serviços a uma clientela específica 39

      2.2.6. Desempenhando funções sociais 39

2.3. Procedimentos administrativos comuns 39

    2.3.1. Visão estratégica própria de mercado e de público 39

    2.3.2. Estruturas administrativas peculiares 40

    2.3.3. Processos administrativos próprios. 40

    2.3.4. Treinamento e desenvolvimento de pessoal. 40

2.4. A gestão do lazer e do entretenimento: quadro sintético 41

    2.4.1. O papel do gestor. 41

2.5. Encaminhamentos finais 45

2.6. Referências bibliográficas 46

3. Fundamentos do Direito Aplicados ao Lazer e ao Entretenimento. . . 47

3.1. O direito ao lazer e ao entretenimento como direito fundamental 50

3.2. Legislação geral. 57

3.3. Legislação específica 60

3.4. Direito do lazer e do entretenimento e a cidade, *locus* de nossa civilização. . . .64

3.5. Referências bibliográficas 67

4. Gestão de Pessoas no Lazer e no Entretenimento com Foco em Liderança 71

4.1. O jogo da liderança: líderes ou liderados?. 78

4.2. Competências de liderança do profissional de lazer e entretenimento 83

4.3. Tendências e propostas para liderar no lazer e no entretenimento 89

4.4. Referências bibliográficas 92

5. Marketing Cultural e Esportivo: um Breve Olhar para a Gestão do Lazer e do Entretenimento 94

5.1. Uma breve contextualização do tema 94

5.2. Marketing cultural, um olhar para o negócio do entretenimento 100

5.3. Marketing esportivo: outro olhar para a mesma área de negócios, discussões e necessidades. 107

5.4. Considerações finais 115

5.5. Referências bibliográficas 116

6. O Gestor e a Captação de Recursos no Lazer e no Entretenimento..119

6.1. As leis de incentivo no Brasil e a captação de recursos 123

6.2. A Lei de Incentivo ao Esporte.. 125

6.3. As leis de incentivo à cultura 129

6.4. A importância da diversificação das fontes de receitas 136

6.5. Referências bibliográficas 138

7. Gestão de Recursos Físicos para o Lazer e o Entretenimento.......141

7.1. Critérios de viabilidade 142

7.2. Planejamento de equipamentos para o lazer e o entretenimento 145

    7.2.1. Fundamentos da ação de planejamento 145

    7.2.2. Síntese do processo 148

7.3. Manutenção 151

7.4. Programação de atividades e eventos.................................. 155

7.5. Regulamentação e procedimentos regulamentadores 155

7.6. Referências bibliográficas 163

Introdução

Karina Lima da Cunha Poli

Rosangela Martins de Araujo Rodrigues

> Todo conhecimento começa com o sonho. O sonho nada mais é que a aventura pelo mar desconhecido, em busca da terra sonhada. Mas sonhar é coisa que não se ensina, brota das profundezas do corpo, como a alegria brota das profundezas da terra. Como mestre, só posso então lhe dizer uma coisa. Contem-me os seus sonhos para que sonhemos juntos.
>
> Rubem Alves

No cotidiano da sociedade a vertigem, a diversão, a aventura, a fantasia e todas as formas de abordagem do lazer e do entretenimento se entrelaçam nos diferentes tempos e espaços culturais. Considerando, por exemplo, as grandes metrópoles brasileiras, que apresentam inúmeras oportunidades de oferta e de demanda em lazer e entretenimento, com diferentes escalas de investimentos e segmentos, já é possível identificar uma fase de evidente expectativa no que se refere aos setores afins, crescendo em proporção significativa. Esse cenário já estabelece um parâmetro para identificar a abertura de um mercado onde há a necessidade de profissionalização, especialmente na gestão de soluções que contemplem as atuais aspirações das pessoas no seu tempo de lazer. Tempo em que buscam o seu desenvolvimento cultural e, portanto, demandam maior interação, vivência em diferentes linguagens culturais e oportunidades do fazer crítico e criativo. Fenômeno social de grande relevância no século XX e nestas duas primeiras décadas do século XXI, o lazer e o entretenimento vincularam e estabeleceram fortes relações com as manifestações culturais e com a produção de oportunidades de usufruto dos bens e serviços de cultura. Nos últimos anos a área de gestão cultural e o protagonismo da cultura no discurso político e econômico nacional e internacional tomaram outra proporção, transformando-se em uma área de interesse da administração pública.

O objetivo desta obra é contribuir para a compreensão dos elementos estratégicos e inovadores que envolvem a gestão do lazer e do entretenimento, desde a apropriação de conceitos fundamentais até a mobilização de recursos e de pessoas, na construção de políticas públicas e privadas para o desenvolvimento cultural e social da sociedade.

No Brasil, aumentou não só o volume de recursos injetados pela iniciativa privada na área da cultura, como também o número de projetos desenvolvidos e de profissionais em atuação no país, e, dessa forma, o Ministério da Cultura passou a reconhecer a formação do gestor como uma das metas estabelecidas pelo Plano Nacional de Cultura. Da mesma forma, o campo do esporte, outra representativa área de manifestação cultural, também teve sua projeção, especialmente com os megaeventos captados pelo país na última década. Segundo dados do Ministério do Esporte, nos últimos cinco anos a aprovação para captação de recursos pela Lei de Incentivo ao Esporte teve um exponencial crescimento em valores, próximo aos 150% na categoria de rendimento, que foi acompanhado pela categoria de participação, que se traduz pelo lazer.

A ampliação das possibilidades de formação profissional vem sendo impulsionada pela projeção midiática que se dá atualmente ao lazer e ao entretenimento como uma das áreas mais promissoras do século. Há estudos e pesquisas que registram cursos nas diferentes modalidades, que abrangem tanto o fazer profissional da perspectiva da técnica quanto da perspectiva do conhecimento. São ofertados desde 1998 cursos de graduação no campo do lazer, assim como mestrados e doutorados com enfoque no lazer em diferentes áreas do conhecimento, como, por exemplo, a Universidade Federal de Minas Gerais, que criou o primeiro programa de mestrado em lazer no Brasil, e a Universidade de São Paulo, que possui hoje o curso de graduação em Lazer e Turismo. Podem-se contabilizar também os cursos de Educação

Física, Turismo, Eventos, Hotelaria, entre outros, que possuem na grade curricular disciplinas relacionadas ao lazer e ao entretenimento. A abrangência dos estudos iniciados na presente obra deve ser norteada também pela recomendação de que a formação profissional no campo do lazer deve ser pautada em "competências técnica, científica, política, filosófica e pedagógica e no conhecimento crítico da realidade"[1].

Outro registro no âmbito acadêmico, a Universidade Federal da Bahia, uma das principais instituições públicas que oferece o curso de Gestão Cultural em nível de graduação e pós-graduação, criou o banco de dados intitulado "Mapeamento da Formação em Organização Cultural no Brasil". Essa pesquisa teve o objetivo de compreender o processo de constituição dessa nova área no país e mapear os cursos de formação que surgiram desde 2009. De acordo com a pesquisa, o mapeamento compreende um total de 258 instituições que oferecem algum tipo de formação, seja ela livre ou regular, em 626 cursos diferentes. A maior parte das instituições trabalha com formação em gestão ou produção cultural e é privada (49%), seguida de públicas (29%) e outras (22%). As instituições privadas compreendem de universidades e faculdades até empresas de produção ou gestão cultural. As instituições públicas referem-se, em sua maioria, a universidades públicas e a órgãos de gestão estatal na área da cultura (secretarias e fundações), de diferentes entes (federais, estaduais e municipais). Já o status "outras" compreende desde associações a organizações não governamentais. A maior parte dos 626 cursos (75,88%) é de extensão, ou seja, cursos livres, que trabalham com temas ligados à gestão cultural, produção cultural, economia criativa, política cultural, lei de incentivo à cultura, financiamento público da cultura, elaboração de projetos, isso devido à quantidade de profissionais de áreas afins que procuram o curso para conhecerem os aspectos dessa área. Já 9,49% de cursos são de especialização, 6,11% são cursos de graduação e tecnólogos ou cursos que contêm disciplinas ligadas à gestão cultural e à economia criativa em seu quadro formativo.

Uma pesquisa preliminar no Diretório de Grupos de Pesquisas da Plataforma Lattes do Conselho Nacional de Desenvolvimento Científico e Tecnológico (CNPq) mostra 49 registros de Grupos de Estudos e Pesquisas que

---

[1] ISAYAMA, H. F. Formação profissional no âmbito do lazer: desafios e perspectivas. In: ISAYAMA, H. F. (org.). **Lazer em Estudo:** lazer e formação profissional. Campinas: Papirus, 2010, p. 9-25.

possuem no seu nome ou em uma de suas linhas de pesquisa o termo "entretenimento". Tais grupos dedicam-se aos estudos das diversas tipologias de entretenimento tanto de iniciativa pública quanto privada. Ao associar a palavra "lazer", inclusive como palavra-chave das linhas de pesquisa e nas repercussões dos grupos, a quantidade de registros de grupos sobe para 359. Há pesquisas publicadas que mostram analiticamente o campo do lazer nos grupos de estudos no Brasil. Essa é uma importante representatividade de grupos de estudiosos e pesquisadores no setor do lazer e do entretenimento advindos dos segmentos social, artístico, educacional, esportivo, turístico e do bem-estar. Também é possível supor que para cada área de pesquisa existam tipologias de empreendimentos correlatos, que demandam modelos e propostas de gestão inovadora.

A bibliografia referente à temática do lazer, em diferentes países, se estabeleceu por lugares de fala e universidades distintas – por exemplo, no caso da França o lugar de fala é a sociologia e suas questões relacionadas com seus papéis específicos de descanso, desenvolvimento e diversão. Já no caso da Inglaterra, o lugar de fala estava nas discussões sobre espaços públicos de lazer no campo da Geografia. Já no Brasil o campo do lazer se estabelece, segundo as pesquisas sobre a formação e atuação profissional nesta área, com o desafio da recreação e da animação sociocultural que privilegie a educação para e pelo lazer, mas se concentra principalmente na educação física. Esse fator nos mostra a influência do lugar de fala na produção bibliográfica, mas que ao mesmo tempo acabou por deixar uma breve lacuna nas discussões que envolvem a gestão do lazer e do entretenimento. E, para ilustrar essa afirmativa, tomemos por referência a temática desenvolvida em cada edição do Encontro Nacional de Recreação e Lazer, evento consolidado que ocorre anualmente desde 1989, com a proposta de reunir estudiosos, pesquisadores, empresários, gestores dos setores público e privado, organizações não governamentais e profissionais de formações diversificadas para dialogar e promover ações no campo do lazer. Durante 27 anos de história, esse evento, que inclusive estabelece frequentemente diálogos com a produção internacional dos estudos do lazer, adotou explicitamente a gestão do lazer como tema gerador em somente duas ocasiões: em 2008, São Paulo, ("Gestão do Lazer: competências e atuação multiprofissional") e em 2015, Brasília, ("Gestão das estratégias das experiências de lazer"). Há, portanto, uma oportunidade e ao mesmo tempo uma priorização em intensificar os aspectos de gestão nesta área que se apresenta tão desafiadora, tanto de caráter técnico e informativo como de discussões teóricas contextuais. Além do evento mencionado, outros dois de similar importância congregam estudos e pesquisas do lazer e do entretenimento: o Seminário Lazer em Debate e o Congresso Brasileiro dos Estudos do Lazer, este último recentemente criado e promovido pela Associação Brasileira de Pesquisa e Pós-Graduação em Estudos do Lazer.

Nesta obra partimos de que o lazer e o entretenimento são setores abrangentes que envolvem diferentes processos ligados a áreas distintas como gestão cultural, gestão do esporte, turismo, urbanismo, comunicação, educação, entre outras. Além de conhecer processos específicos dessas áreas, é importante para o profissional do lazer e do entretenimento reconhecer que a dinâmica de trabalho envolve, em sua maioria, gestão estratégica de projetos e políticas públicas e privadas. Esta obra procurará iniciar um diálogo através da perspectiva do lazer como prática cultural e dos negócios sob a gestão de planos, programas e ações que mobilizam pessoas em diferentes perspectivas profissionais, governamentais e financeiras.

Luiz Wilson Pina desenvolve o primeiro capítulo (**Referências Conceituais do Lazer, da Recreação e do Entretenimento**) e entrelaça os conceitos de lazer como fundamentais conhecimentos para a prática reflexiva e para as atribuições do gestor de lazer e do entretenimento.

O mesmo autor, com o segundo capítulo **Fundamentos da Gestão para o Lazer e o Entretenimento**, apresenta a gestão no contexto da administração geral e contextualiza as organizações de lazer e entretenimento e identifica as tipologias e os processos de gestão nos setores público e privado. Uma significativa contribuição que construiu na sua trajetória profissional e como pesquisador no campo do lazer.

No terceiro capítulo Sandra Seixas, convidada nesta obra, contribui com **Fundamentos do Direito Aplicados ao Lazer e ao Entretenimento** e apresenta exemplos concretos do cotidiano da cidade, em que implicam os amparos, direitos e a legislação, além de situar o lazer à luz dos direitos fundamentais, em proposições e contextos da Constituição Brasileira de 1988. Dessa forma, apresenta as reflexões mais recentes sobre o tema, ainda em construção no Brasil.

Rosangela Martins A. Rodrigues inicia um novo diálogo sobre **Gestão de Pessoas no Lazer e no Entretenimento com Foco em Liderança** e enfatiza a necessidade de uma abordagem ampla do tema, de forma que se considere um processo alicerçado na tríade líder, liderados e contexto, além de analisar as várias frentes e mudanças de papéis de liderança que são, desde o planejamento até a ação programática, inerentes ao lazer e ao entretenimento.

Karina Lima da Cunha Poli e José Arthur Fernandes Barros, numa combinação de experiências profissionais e de saberes acadêmicos, articulam as áreas de cultura e de esportes no capítulo **Marketing Cultural e Esportivo: um Breve Olhar para a Gestão do Lazer e do Entretenimento**, assuntos que se destacam estrategicamente nas políticas públicas e privadas deste campo de atuação, a cultura e o esporte.

O Gestor e a Captação de Recursos no Lazer e no Entretenimento são abordados por Karina Lima da Cunha Poli, Rosangela Martins A. Rodrigues e Luiza Ribeiro do Valle, que mostram os desafios da captação e principalmente a mobilidade necessária para o gestor que atua em uma área diversificada como o lazer e o entretenimento. Segundo as autoras, a ação gestora implica na dinâmica e na apropriação das possibilidades de financiamentos, seja na esfera pública ou privada, seja para lucratividade ou sustentabilidade, conquistadas por meio de projetos coesos, inovadores e bem estruturados.

A **Gestão de Recursos Físicos para o Lazer e o Entretenimento** é tratada por Luiz Wilson Pina, que evidencia a necessidade de rigor nos estudos e cálculos para a viabilidade de um empreendimento de lazer e entretenimento e ressalta que é um processo complexo e detalhado, que exige uma equipe multidisciplinar com conhecimentos técnicos diferenciados.

Este livro reúne reflexões significativas sobre a gestão do lazer e do entretenimento a partir da prática profissional dos autores alicerçada em pesquisas, conhecimentos e teorias articulados na formação profissional multidisciplinar, desenvolvida em diferentes ambientes de trabalho, desde a atuação com as metodologias da animação sociocultural à gestão pautada em competências pedagógica, política, filosófica, científica e sociológica.

Que você possa devanear nas páginas deste livro!!!

1. Referências Conceituais do Lazer, da Recreação e do Entretenimento

Luiz Wilson Pina

Em 1997 foi inaugurada na cidade espanhola de Bilbao, província basca, uma nova implantação do Museu Guggenheim, em processo de franquia da marca, projeto do arquiteto canadense (naturalizado americano) Frank Gehry, com desenho arrojado e o uso de materiais inusitados, como o revestimento em titânio. O novo equipamento cultural, projetado e construído com um custo total de 142 milhões de euros (MORATO; IGLESIA, 2010, p. 218), recebeu grande atenção da mídia mundial, tornando-se rapidamente conhecido e atraindo cerca de um milhão de visitantes por ano (1.307.000 em 1998, ano do maior número registrado), com predominância de estrangeiros (média de 60%, e outros 30% das demais regiões da Espanha), colocando Bilbao no circuito turístico e valorizando a cidade basca dentro do próprio país e na Europa. Uma antiga cidade industrial sem maiores atrativos, vivendo uma história gradual de desindustrialização e empobrecimento, potencializou com esse equipamento cultural o plano de revitalização iniciado concomitantemente ao projeto do Museu Guggenheim em 1991 e tornou-se um polo de turismo em um dos países mais visitados do mundo.

Essa iniciativa implantou na cidade uma relevante atração para os turistas, "reconhecida como um exemplo mundial de desenvolvimento urbano e sustentável, ligado à nova economia criativa e do conhecimento" (MORATO; IGLESIA, 2010, p. 233). Entretanto, os seus habitantes exigiram também um equipamento sociocultural significativo para o seu uso. O Museu Guggenheim

8 Gestão do Lazer e do Entretenimento

tinha decididamente uma vocação turística, mas os moradores da cidade não dispunham de nada comparável para a sua recreação e lazer. Consequentemente, com a ajuda da província, a municipalidade local elaborou e executou outro projeto considerável com características diferenciadas. Tombou em 1999 um antigo armazém de vinhos, denominado Alhondiga, e após uma década de projetos e obras abriu, em etapas, entre 18 de maio e 24 de outubro de 2010, o Centro de Lazer e Cultura Alhondiga Bilbao, com 43.000 m² de área construída, desenhado pelos arquitetos e *designers* franceses Philippe Starck e Thibaut Mathieu. Com um custo total de projetos e obras de 69,4 milhões de euros, mais 5,5 milhões de euros em equipamentos, investimento elevado ainda mais em época de séria crise econômica na Europa e na Espanha, o Centro Azkuna Zentroa, sua atual denominação, conta com piscina, auditório, ginásio de esportes, áreas de exposições, biblioteca, brinquedoteca digitalizada, centro de atividades físicas, restaurantes e lojas. Segundo o site, é um espaço cultural, recreativo e de lazer com uma variada oferta para todas as pessoas que o visitam, um ponto de encontro onde todos poderão compartilhar, aprender e usufruir de forma individual, em grupos e em família de diferentes atividades, serviços e experiências, para todos os públicos.

Eis um exemplo interessante de uma cidade que tenta equilibrar sua oferta de atrativos, de equipamentos socioculturais e de atividades entre os dois diferentes públicos, o visitante e o residente. Se o visitante dispõe de instalações de qualidade privilegiada, os moradores têm o direito de ter o mesmo para o seu usufruto. É igualmente um caso de turismo e recreação como indutores do desenvolvimento sociocultural da cidade, ao estimular os moradores e as lideranças locais a adotarem a qualidade de equipamentos e com grande capacidade de atendimento, desenhados por arquitetos de renome mundial e destinados ao uso de sua população.

Os dois exemplos associados na mesma cidade – o museu e o centro cultural e recreativo –, fatores de sua transformação urbana, social e econômica, e os dois conceitos de instalações para as crianças, comprovam a importância do turismo, do lazer, da recreação e do entretenimento, formas de uso do tempo social de nossa civilização. O que é confirmado por Crossley et alii (2012): o setor agregado de lazer, recreação, entretenimento e turismo gerou no ano de 2009 uma renda total de um trilhão e 470 bilhões de dólares, cerca de 10% do PIB do EUA, mesmo no auge da atual crise econômica. O faturamento anual de alguns setores confirma essa importância: parques temáticos e de diversões: US$ 11,8 bilhões. Centros esportivos e academias: US$ 21,6 bilhões. Setor de alimentos e bebidas: US$ 433,4 bilhões. Hotelaria: US$ 175,1 bilhões. Companhias de artes performáticas: US$ 16,1 bilhões. Agências de viagens: US$ 19,3 bilhões. Indústria do jogo: US$ 26 bilhões. Produção de cinema e teatro: US$ 79,8 bilhões.

Evidentemente, este é o quadro apresentado por uma sociedade no estado da arte do desenvolvimento econômico, científico e tecnológico. Mas não é impossível que outras sociedades possam apresentar situações bem parecidas. Por exemplo, a mídia no Brasil informa constantemente que apenas o turismo no país já é responsável por 4% do PIB. Se acrescentarmos outros segmentos, como esporte e atividades artísticas, podemos nos aproximar mais ainda daquela proporção registrada na América do Norte.

1.1. Lazer e entretenimento na civilização do século XXI: o uso do tempo social

A importância desses segmentos socioeconômicos e socioculturais é resultado e resultante de uma grande transformação da civilização moderna desde o século XIX, que se acelerou fortemente no século XX, quando o tempo livre disponível aumentou gradativamente, simultaneamente à lenta, porém constante, redução do tempo de trabalho, graças principalmente aos movimentos sindicais e populares que reivindicavam a melhoria das condições sociais e econômicas. E, desse tempo social, uma parte importante é dedicada aos lazeres, em suas múltiplas e variadas formas de ocupação. Pela primeira vez desde a Revolução Industrial, o tempo de lazer alcança o tempo de trabalho.

A partir da década de 1980, o tempo de lazer, nas sociedades desenvolvidas, se torna equivalente ao tempo do trabalho, tendendo a superá-lo. Essa mudança havia sido prevista pelos estudiosos do assunto já na década de 1960. Esses mesmos teóricos e estudiosos haviam previsto o advento de uma Civilização do Lazer, na qual a ética dominante do trabalho seria substituída pela ética dominante do lazer. Essa civilização não chegou como previsto, mas alterações profundas aconteceram nos modos de vida das sociedades, produzidas pelas transformações econômicas, sociais, culturais, demográficas, tecnológicas, educacionais, ambientais e urbanas das últimas sete décadas.

Afetados diretamente por tais mudanças, e componentes importantes de nossa realidade contemporânea, lazer, recreação, entretenimento e turismo são fenômenos vinculados diretamente ao uso do tempo, o qual varia segundo os mesmos fatores de transformação relacionados anteriormente, variação que se diferencia de país para país, de nação para nação, de cidade para cidade, e até mesmo de bairro para bairro. Por exemplo, na grande cidade, os moradores de uma região urbana bem servida pelo sistema metroviário gastam menos tempo nos seus percursos cotidianos do que os habitantes de um bairro sem metrô, ou muito distante da rede desse sistema de transporte. Com isso, dispõem de mais tempo, ao longo do dia e da semana, para suas outras atividades. A mesma ponderação pode ser aplicada aos equipamentos sociais: quem reside em bairro com uma boa estrutura de hospitais, escolas, postos de saúde, clínicas, laboratórios para exames médicos, instituições de ensino superior e/ou profissionalizante, farmácias, supermercados, creches, etc. usa uma proporção menor do seu tempo em cuidados pessoais, com a saúde, com os familiares (filhos, pessoas idosas, etc.) e na administração do lar do que as pessoas que moram em locais com pouca oferta, ou oferta mal distribuída no tecido urbano, dessas facilidades.

Os exemplos são multivariados; o pesquisador ou estudioso do assunto pode comparar o cotidiano do habitante de uma cidade pequena com o residente da metrópole: tempo de circulação entre os afazeres comuns do dia a dia, contatos com os familiares e com os amigos, espera por atendimento, demora em um reparo em casa ou para a entrega de um pedido e constatar as diferenças no uso do tempo de um e do outro.

Enquanto a noção de **turismo** é claramente distinta das demais, **lazer**, **recreação** e **entretenimento** são objetos de entendimentos que se sobrepõem e muitas vezes se confundem, inclusive para aqueles que os estudam e pesquisam.

As interpretações, mesmo que diferenciadas, partem dos mesmos pontos em comum: o uso do tempo social, e, parcela deste, o **tempo livre**.

Um dos autores que se dedicaram à análise das questões relativas ao tempo livre, ao lazer e à recreação, Roberto C. Boullón, sobre o primeiro tema, observa que (1999, p. 50-51):

> Ao dizer tempo livre implicitamente se está reconhecendo a existência de outro tempo que não goza dessa qualidade, portanto não é um termo independente, mas de uma noção oposta que corresponde a um tempo "não livre". Buscando pelo lado dos equivalentes não é difícil dar-se conta de que se um tempo não é livre, sucede que está sujeito a algumas restrições que impedem que seja usado como se quiser. Então tempo "não livre" seria igual a tempo obrigatório.

Esse "tiempo obligado", tempo obrigado, ou melhor, tempo obrigatório, é utilizado para as "obrigações primárias (trabalho ou estudo)", para as "obrigações secundárias (deslocamentos, cuidados pessoais, tarefas domésticas, etc.)" e para as "obrigações fisiológicas (dormir, comer, etc.)" (BOULLÓN, 1999, p. 51).

Boullón reconhece que esse "tempo livre" está submetido às possibilidades permanentes de mudança nas condições sociais, políticas e econômicas (1999, p. 51):

> (...) vemos que o tempo livre é o resultado de uma diferença entre o tempo total e o tempo obrigatório. Para cada situação que se queira calcular, o tempo total atuará como uma constante (tempo total diário, semanal ou anual) e o obrigatório como uma variável dependente do contexto político, social e econômico que predomine no sistema que se está analisando.

O mesmo autor completa:

> É certo que o tempo livre é teoricamente um tempo à disposição do indivíduo para que o use como melhor lhe apeteça. Porém essa liberdade nem sempre se exerce. Para que o tempo livre seja efetivo, deve converter-se em algo diferente daquele que se emprega para reparar o cansaço físico. Algo assim como um tempo extra que o homem ganha para si mesmo (BOULLÓN, 1999, p. 120).

Para Boullón (1999, p. 54), "a quantidade de tempo livre foi variando de um modo oscilatório ao longo da história". O autor analisa as mudanças ocorridas nos séculos XIX e XX, para concluir que na época do seu estudo (1998-1999) os habitantes das cidades dispunham de uma média de 44 horas de lazer semanal, sendo 29 horas no final da semana e 15 horas nos cinco dias de trabalho (1999, p. 59). Partindo de uma média de 1.904 horas de trabalho por ano, conclui que os moradores das grandes cidades têm um total de 714 horas de lazer nos dias da semana, 1.508 horas de lazer nos finais de semana, 225 horas de lazer nas férias e 116 horas de lazer nos feriados. Para os habitantes das pequenas cidades o tempo de lazer é relativamente maior, com 952 horas nos dias de semana, e os mesmos tempos nas demais situações (1999, p. 60).

Boullón fez essas estimativas com base nas referidas 1.904 horas de trabalho por ano. Ao analisar as estatísticas da Organização para a Cooperação e o Desenvolvimento Econômico (OCDE em português, OECD na sigla em inglês), Pina (2013, p. 15) observou que em vários países desenvolvidos a quantidade de horas trabalhadas por ano, em 2012, é inferior à verificada na década de 1990. Na Alemanha são 1.399 horas, na Austrália 1.728 horas, no Canadá 1.710 horas, na França 1.479 horas, na Holanda (o país com o menor número de horas de trabalho por ano) 1.381 horas, e a média da OCDE é de 1.765 horas por ano. Isso significaria um aumento no tempo livre para o lazer, desde que as demais condições não se alterassem, isto é, o tempo social dedicado aos demais afazeres continuasse o mesmo no período entre o estudo de Boullón e a realidade atual. Como se observou ao longo dos últimos trinta anos uma constante adoção de aparelhos domésticos que simplificam a rotina domiciliar, reduzindo o tempo empregado nos afazeres caseiros, pode-se estimar que uma parcela variável desse tempo, conforme as condições socioeconômicas de cada sociedade ou comunidade, torna-se livre para outras escolhas individuais e coletivas.

Outro renomado estudioso, o professor franco-canadense Gilles Pronovost, baseia-se nas abordagens da sociologia do lazer para explicar as atuais noções sobre o tempo livre (2011, p. 25):

> Uma das abordagens mais clássicas que a sociologia do lazer tomou emprestada para tratar de seu objeto de estudo foi a da noção de "tempo livre", que se encontra também nos estudos

sobre a utilização do tempo, que está concentrada em capítulo posterior. Como regra geral, trata de distinguir várias categorias do tempo social (trabalho, escola, obrigações religiosas, etc.) e de conservar, entre essas, um tempo livre, principalmente porque identificado com uma margem de tempo discricional, disponível, em oposição a outras categorias de tempo de obrigação (trabalho, escola, família) e do compromisso (religião, partidos políticos). O conteúdo do tempo livre refere-se essencialmente a atividades dotadas de atributos distintivos: liberdade, satisfação pessoal, criatividade, ludicidade, etc.

O mesmo autor aprofunda a sua análise, fazendo distinções entre **tempo livre, lazer** e **recreação** (2011, p. 25-26):

Dessa forma, historicamente, o tempo livre foi concebido como um tempo "ganho" sobre o trabalho, sempre associado de maneira indistinta ao tempo escolar, ao repouso, à recuperação física e ao "divertimento", que progressivamente adquiriam finalidades e conteúdo que lhes são próprios, originando, em parte, o lazer moderno. Já que estamos tocando no assunto, lembremos que a literatura sociológica americana faz, regularmente, distinção entre o tempo dedicado ao lazer e oriundo de um processo histórico associado a um fenômeno de civilização moderna – *free time* ou *leisure time* – e o conteúdo das atividades de lazer caracterizado por atributos de jogo – *recreation.*

Pronovost, ainda centrado na estrutura teórica da sociologia do lazer, completa as observações sobre o tempo livre (2011, p. 90-91):

Há ainda uma expansão das fronteiras e das significações do tempo livre. O lazer enquanto passividade, consumo ostentatório, etc. ainda permanece. Numerosas elites políticas, econômicas e intelectuais ainda insistem nessa representação ultrapassada. De fato, a sociologia do lazer permite sustentar que o tempo livre é também o tempo das solidariedades e das redes de sociabilidade, da aprendizagem fora da escola e da formação contínua, das práticas culturais e socioculturais. Na verdade, o tempo livre é um tempo aberto às atividades sociais, educativas, culturais e políticas produtoras de novas solidariedades.

1.2. Referências conceituais: lazer, recreação e entretenimento

As análises sobre o tempo livre, e sobre o seu uso social por parte dos indivíduos, comunidades e coletividades, conduzem às suas associações com a sua fruição em atividades ou experiências nas quais o principal fator é a liberdade de escolha e de fruição. E, na civilização urbana da segunda metade do século XX e do século XXI, o lazer como valor, a recreação como experiência e o entretenimento como comportamento reafirmam a escolha livre e a fruição plena. É necessário, pois, verificar se as noções e interpretações a respeito compreendem a presença de tais características socialmente assumidas.

Boullón (1999, p. 91), por exemplo, entende recreação como "qualquer tipo de uso que o homem faça do seu tempo livre, sempre que este uso se realize com uma atitude prazerosa".

Outra fonte de referências, a editora norte-americana Human Kinetics publicou em seu site um excerto do livro "Parks and Recreation Professional's Handbook", explicitando, como o fez Pronovost, a diferenciação dos conceitos de **lazer** e **recreação** (2014): "há um consenso geral de que existem três modos primários para considerar o lazer: lazer como tempo, lazer como atividade e lazer como um estado de espírito".

No primeiro caso, o lazer é o "tempo residual", após todas as obrigações e tarefas existenciais terem sido exercidas; no segundo caso, lazer é a atividade que as pessoas escolhem durante o seu tempo livre, por razões variadas, como "relaxamento, competição ou desenvolvimento e pode incluir ler por prazer, meditação, pintura e participação em esportes"; no terceiro caso, o entendimento é mais subjetivo, "conceitos como liberdade imaginada, motivação intrínseca, competência concebida e efeitos positivos são críticos para determinar se uma experiência é lazer ou não".

Da mesma forma, "há algum consenso na definição de recreação":

> Recreação é uma atividade que as pessoas realizam durante o seu tempo livre, que as pessoas apreciam, e que as pessoas reconhecem como tendo valores socialmente compensatórios. Como o lazer, a recreação tem uma conotação de ser moralmente acei-

tável não apenas para o indivíduo, mas também para a sociedade em geral, e desta maneira nos programamos para essas atividades dentro desse contexto. Isso significa que atividades consideradas socialmente aceitáveis para recreação podem mudar com o tempo. Os exemplos de atividades recreativas são inumeráveis e incluem esportes, jogos, viagens, leitura, artes e artesanato, e dança. A atividade específica realizada é menos importante do que a razão para a desenvolver, o qual é o resultado. Os participantes esperam que a sua busca por recreação possa ajudá-los a equilibrar suas vidas e recuperá-los do seu trabalho bem como de outras atividades obrigatórias como cuidados domésticos, criação das crianças, e assim por diante.

Outro autor importante, desta vez da Austrália, país muito avançado nos estudos sobre o assunto, A. J. Veal (1992, p. 50), agrupa várias definições da literatura australiana sobre o assunto:

Definindo simplesmente, recreação se refere às experiências e às atividades escolhidas e procuradas pelos indivíduos no seu tempo livre; sendo a base que a experiência procurada e as atividades desejadas, no senso real do temo, "re-criam" o indivíduo de forma que este possa ser reconfortado para permitir-lhe retomar as obrigações diárias, quaisquer que estas possam ser.

Recreação é considerada como atividade por meio da qual o lazer pode ser experimentado e desfrutado, mas é vista também como uma instituição social, socialmente organizada para propósitos sociais.

Uma atividade procurada durante o lazer, ou individual ou coletiva, que é livre e prazerosa, tendo o seu próprio apelo imediato, não impulsionada por uma recompensa posterior além de si mesma, ou por uma necessidade imediata.

Continuando esta breve compilação e apresentação conceitual, pode-se recorrer a uma obra elaborada em homenagem a outro estudioso norte-americano, Richard Kraus, escrita por três autores (MCLEAN; HURD; ROGERS), que alinham vários entendimentos sobre o assunto.

Para muitos, recreação significa o conjunto das agências públicas que provêm instalações como parques, playgrounds, centros aquáticos, campos de esporte, e centros comunitários em milhares de cidades, condados e parques distritais atualmente. Eles podem ver essas instalações como locais de oferta de serviços para os jovens ou como um meio de se obter harmonia familiar ou procurar por hobbies interessantes, esportes, atividades sociais ou como um local para crescimento e desenvolvimento para todas as idades (MCLEAN; HURD; ROGERS, 2008, p. 3).

A essa primeira explicação pode-se acrescentar outras observações dos mesmos autores:

Frequentemente tendemos a pensar sobre a recreação primariamente como participação em esportes e jogos ou em atividades sociais e a ignorar outras formas de brincar. Todavia, a recreação compreende uma extremamente ampla gama de busca por lazer, incluindo viagens e turismo, entretenimento cultural ou participação nas artes, hobbies, participação em clubes sociais ou grupos de interesses, atividades no ambiente natural como acampar, caçar ou pescar, frequência a festas ou a outros eventos especiais, e atividades físicas. A recreação pode ser usufruída com milhares de outros participantes ou espectadores ou pode ser uma experiência intensamente solitária. Pode ser altamente extenuante e fisicamente exigente ou pode ser primariamente uma atividade cerebral. Pode representar uma vida inteira de interesse ou envolvimento ou pode consistir de uma simples, isolada experiência (MCLEAN; HURD; ROGERS, 2008, p. 4).

O conhecimento sobre recreação demonstrado pelos autores consultados evidencia a inconsistência do entendimento que a associa de modo simplista apenas às brincadeiras programadas em várias situações específicas, como nos parques infantis, nos hotéis e *resorts*, nos acampamentos de férias e nos bufês infantis. A recreação está diretamente relacionada com o jogo e com o brincar, inclusive, mas vai muito além disso, como se pode constatar na seguinte observação:

As mais modernas definições de recreação se ajustam em uma dessas três categorias: 1) recreação tem sido considerada como uma atividade realizada sob certas condições ou com certas motivações; 2) recreação pode ser vista como um processo ou estado de ser – algo que ocorre dentro da pessoa quando engajada em determinados tipos de atividade, com um dado cenário de expectativas; e 3) recreação pode ser percebida como uma instituição social, um quadro de conhecimento, ou um campo profissional (MCLEAN; HURD; ROGERS, 2008, p. 40).

A síntese a seguir, dos mesmos autores (2008, p. 40-41), apresenta as dimensões da recreação como fenômeno sociocultural, contribuindo para a compreensão da sua importância, como afirmado anteriormente com base nos exemplos concretos utilizados:

Tipicamente, as definições de recreação encontradas na literatura profissional têm incluído os seguintes elementos:

1. Recreação é amplamente considerada como atividade (incluindo envolvimento físico, mental, social ou emocional), em contraste com pura preguiça ou descanso completo.

2. Recreação pode incluir uma extremamente vasta gama de atividades, como esporte, jogos, artesanato, artes performáticas, artes sofisticadas, música, artes dramáticas, viagens, hobbies e atividades sociais. Essas atividades podem ser realizadas por indivíduos ou por grupos ou podem envolver participação singular ou episódica ou envolvimento sustentado e frequente ao longo da vida inteira de uma pessoa.

3. A escolha da atividade ou envolvimento é voluntária, livre de compulsão ou obrigação.

4. Recreação é provocada por motivação interna ou pelo desejo de alcançar satisfação pessoal, mais do que por metas ou recompensas extrínsecas.

5. Recreação é dependente de um estado mental ou atitude; não é tanto o que alguém faz como a razão para fazê-lo, e a maneira como o indivíduo se sente acerca da atividade, que a faz ser recreação.

6. Embora a motivação primeira para tomar parte na recreação seja usualmente a procura de prazer, ela pode ser também a satisfação de necessidades intelectuais, físicas e sociais. Em alguns casos, mais do que providenciar "diversão" de uma natureza leve ou trivial, recreação pode envolver um grau sério de comprometimento ou autodisciplina e pode produzir frustração ou mesmo sofrimento.

Dentro dessa estrutura, muitos tipos de experiências de lazer podem ser considerados como recreação. Eles podem variar das mais desafiadoras exigências físicas até aquelas com demandas muito mais amenas. Assistir televisão, ouvir uma orquestra sinfônica, ler um livro ou jogar xadrez são todas formas de recreação.

Pronovost (1983, p. 114) também apresenta uma definição de recreação sucinta, mas coerente com as observações anteriores: "a recreação é definida pelo fato de ocupar o seu tempo de lazer com atividades que emprestam suas características àquelas do jogo; a "recreação" será invariavelmente aproximada à noção de ação, de ocupação, de atividade".

Finalmente, para completar essa apresentação conceitual, podem ser apresentadas as ideias de mais duas autoras.

Segundo Gerlero (2005, p. 5):

> Recreação é aquele conjunto de práticas de índole social, realizadas coletiva ou individualmente no tempo livre do trabalho, ajustadas em um tempo e em um espaço determinados, que propiciam um desfrute transitório sustentado no valor social outorgado e reconhecido a alguns de seus componentes (psicológico, simbólico, material) ao qual aderem, como fator de satisfação do prazer procurado, os membros de uma sociedade concreta.

A mesma autora completa (2005, p. 6):

> A recreação expressa as práticas que, em uma sociedade concreta, o coletivo social realiza em seu tempo livre. Tais práticas representam o significado que uma sociedade dá às manifestações de prazer público e busca de emoções agradáveis. Compartilhando as características do jogo, a recreação ultrapassa os limites impostos por este e cristaliza em instituições sociais a vivência coletiva. É a partir desse reconhecimento da recreação como prática social que podemos outorgar identidade às expressões de uma sociedade em seu tempo livre.

Já Guerra (1991, p. 17) entende recreação como:

> A palavra recreação provém do verbo latino *recreare*, que significa recrear, reproduzir, renovar. A recreação, portanto, compreende todas as atividades espontâneas, prazerosas e criadoras que o indivíduo busca para melhor ocupar seu tempo livre. Deve principalmente atender aos diferentes interesses das diversas faixas etárias e dar liberdade de escolha das atividades, para que o prazer seja gerado. A sua versatilidade, isto é, a possibilidade de variar de acordo com o momento, faculta uma participação ativa e tranquila às crianças e aos adultos.

Da síntese conceitual apresentada deriva uma constatação que distingue o lazer da recreação; o tempo livre é destinado e orientado principalmente para o lazer; a recreação é o conjunto de atividades e experiências para uso e fruição desse tempo. É o entendimento conceitual dessa realidade da nossa época, com a possibilidade de evoluir qualitativamente nessa configuração do lazer ao longo das próximas décadas.

E o entretenimento? Como observado nas referências teóricas, o entretenimento é uma categoria do lazer voltada para as atividades que divertem e distraem. A origem da palavra, nos idiomas indo-europeus, vem do latim *intertenere*, que significa aproximadamente "ter dentro" ou "conter dentro"; na versão francesa, no início da Era Moderna, e posteriormente inglesa, queria dizer "manter" ou "continuar com" e assumiu em seguida, no século XVII, a ideia de diversão, ato de contentar a outrem ou a si mesmo com alguma atividade ou ocupação.

É a interpretação de David Glover, músico e compositor norte-americano, que escreveu um curto texto, intitulado "What is Entertainment?", publicado no seu site: "entretenimento pode ser uma experiência", e, "como uma experiência, pode ser divertido e satisfatório para as nossas almas, ou para o nosso bem-estar" (2011, p. 2).

Murakami apresenta uma ideia aproximada:

> Entreter, segundo o *Dicionário Aurélio*, vem de entre + ter, e significa deter, fazer demorar para distrair, e também recrear-se, divertir-se – definição mais alinhada com análise proposta neste livro. Seria então uma maneira de ocupar certo período com algo que distrai e ajuda a passar o tempo divertindo. No entanto, uma questão que se levanta, já que o entretenimento envolve cinema, teatro, música, entre outras expressões artísticas, é qual seria a diferença entre arte e entretenimento. Uma definição que pode ser dada sobre arte é que ela exige racionalização ou intelectualização no momento do consumo do produto. Já o entretenimento diz respeito a uma atividade mais passiva e descomprometida, pelo simples prazer do consumo, referindo-se principalmente aos produtos de massa. Vamos estabelecer que entretenimento seja qualquer produto que consiga reter a atenção do consumidor por certo período de tempo, proporcionando algumas sensações (2008, p. 23).

Bates e Ferri elaboraram um quadro analítico de "elementos de uma definição de entretenimento", que, embora mais abrangente, conduz igualmente para uma aproximação das noções anteriores (2010, p. 11-14):

> Objetividade. Entretenimento deve geralmente ser definido em termos objetivos.

> Comunicação. Entretenimento envolve algum tipo de comunicação entre uma audiência (incluindo uma audiência de um) e um texto, definido amplamente. O conteúdo do entretenimento é sem limites.

Estímulo externo. Consistente com nosso foco na comunicação, nós acreditamos que o entretenimento requer alguma forma de estímulo externo. Uma pessoa não pode, por nossa definição, entreter a si mesma. Alguém pode, entretanto, se entreter solitariamente, via um livro, DVD, ou algum outro texto. Olhar a exibição de um museu se qualifica como entretenimento.

Prazer. O principal objetivo do entretenimento é prover o prazer.

Audiência. Nós acreditamos que o entretenimento deve ter uma audiência... O entretenimento deve alcançar além do seu criador.

Audiência passiva. Passividade é um comumente entendido, mesmo se frequentemente não comentado, elemento do processo de comunicação de massa.

A descrição dos elementos relacionados delimita uma compreensão sobre o entretenimento, sintetizada pelos mesmos autores em dois parágrafos citados a seguir:

Um critério de passividade para o entretenimento exclui formas de recreação ativa, muitas das quais são também excluídas por nosso primeiro critério, comunicação: praticar esportes (embora assistir a esportes poderia qualificar), tocar um instrumento (*versus* escutando um músico), dançando (*versus* assistir dançarinos), praticar jardinagem, jogar, circular em uma roda gigante, e, talvez ironicamente, "entreter" vizinhos com um churrasco no quintal. Essas atividades excluídas, nós acreditamos, qualificam-se como lazer, mas não como entretenimento (2010, p. 14).

Em suma, nós acreditamos que o entretenimento deve ser definido amplamente em termos objetivos. Entretenimento, no nosso ponto de vista, envolve comunicação apresentando estímulo externo; ele provê prazer para algumas pessoas, embora não naturalmente para todos; e ele alcança uma audiência geralmente passiva (2010, p. 15).

1.3. Observações e conclusões

O vagaroso e constante aumento do tempo social de lazer pode estimular a procura das pessoas pelas atividades e experiências que podem ser vivenciadas seja espontaneamente, de forma autodirigida e auto-orientada, segundo as preferências individuais, familiares e grupais, seja procurando por programações de atividades e eventos oferecidas pela estrutura sociocultural existente na área.

No caso do Brasil, essa estrutura sociocultural apresenta muitas diferenças, na comparação entre estados, regiões e municípios, devido à grande e rica diversidade do país, porém pode-se afirmar com relativa segurança que muitos centros urbanos apresentam uma oferta significativa de serviços nessa área, embora o acesso da população possa ser prejudicado por fatores como custo, dificuldades de locomoção e de transporte, horários às vezes incompatíveis com a realidade social (a biblioteca pública que não abre no final de semana, etc.), falta de informação, difusão pouco eficiente das programações, etc.

Como no caso de outros setores socioeconômicos, a referida estrutura é composta por organizações públicas, privadas e do terceiro setor (as ONGs, organizações não governamentais sem finalidades lucrativas) atuando em diferentes segmentos da economia e da sociedade. Tal composição será retomada nos capítulos sobre gestão e direito do lazer e do entretenimento, no caso da presente obra. Essa diversificação proporciona muitos tipos diferentes de serviços, desde um ambiente particular e privado, de uso privativo por poucas pessoas, até aqueles locais públicos, como teatros e parques, e atividades mais agitadas e movimentadas, como, por exemplo, discotecas e danceterias.

Observa-se ainda a tendência de uma crescente importância socioeconômica dos setores relacionados com o uso do tempo livre das pessoas, comunidades e sociedades: setores das atividades artísticas em geral, indústria do entretenimento, segmento dos esportes e das atividades físicas, mercado do turismo. A oferta de atividades, experiências ou serviços de lazer, recreação e entretenimento para a fruição do tempo livre torna-se ampla, diversificada, abrangendo inúmeras modalidades e organizações, públicas, privadas, semi-públicas, de assistência social, associativas (clubes), comerciais e de serviços.

Contribuem para essa expansão os estímulos da mídia e da publicidade, que difundem valores comportamentais – por exemplo, a publicidade utilizando cada vez mais situações de lazer. Sobretudo, nas sociedades modernas, desenvolveram-se novos meios tecnológicos, que estimulam e facilitam o lazer individualizado ou em pequenos grupos, vivenciado naquele que é ainda o principal ambiente de lazer, a residência. Por exemplo, os aparelhos de DVD e a televisão a cabo, os sistemas de som e os modernos equipamentos digitais que permitem ouvir música dentro de uma enorme amplitude de ofertas, o universo cada vez mais amplo dos sistemas de jogos que utilizam plataformas como os computadores ou equipamentos específicos, com um mercado de produção de jogos em crescimento constante, os sistemas digitais que permitem acessar filmes, apresentações musicais, teatrais e circenses, bem como competições esportivas de todo tipo, com uma vasta gama em crescimento da oferta de todo tipo de espetáculo, o *home theater*, etc. Mesmo com toda a tecnologia disponível e em permanente evolução, não podem ser esquecidos os jogos tradicionais, ainda muito utilizados pelas pessoas, as reuniões familiares, as festas em casa, a leitura e a conversação. Essa tendência é reforçada pelas várias modalidades de serviços que entregam diversos produtos na residência a pedido, outro mercado em permanente expansão.

Ao mesmo tempo, outros segmentos procuram atrair as pessoas para "fora de casa", como os parques temáticos, os parques aquáticos, as áreas de recreação com equipamentos eletrônicos, os clubes e as casas de espetáculos, os shows musicais, as caminhadas, os passeios de bicicleta, as festas populares nas ruas e praças, os shoppings centers que se transformaram em locais de lazer, os centros culturais, esportivos e recreativos, e assim por diante.

Sob essa dupla influência, aquela oferta de serviços recreativos que atrai as pessoas para fora de casa e a oferta de bens e serviços que mantém as pessoas em casa, deverão viver os indivíduos, os grupos e as coletividades durante as próximas décadas.

Para funcionar, essa estrutura de oferta depende, como todas as demais, da atuação das pessoas que trabalham nas suas variadas organizações. Ao mesmo tempo em que mudavam as ideias, os conceitos, as formas de participação, também se verificou uma evolução profissional dos recursos humanos que atuam com lazer e recreação.

Embora com um ritmo mais lento e com pouca oferta nos processos de formação, até o início da década de 1970 no Brasil também se verificou um processo gradual de constituição de um quadro profissional na área. Inicialmente formado por pessoas graduadas em Educação Física, esse quadro se diversificou com a inclusão de profissionais formados em outras áreas do conhecimento e depois se aprimorou graças a vários cursos de pós-graduação *lato* e *stricto sensu*. Ainda há muito a se fazer para a sua consolidação, mas profissionais bem preparados e com experiência confirmada serão necessários no futuro próximo, considerando as tendências de transformação da nossa sociedade, hoje mais desenvolvida, que deverá exigir maior e melhor oferta de atividades e experiências recreativas para a livre escolha do seu tempo social.

Os assuntos pertinentes aos recursos humanos no lazer e no entretenimento serão desenvolvidos, nesta obra, em capítulo próprio, enfatizando a questão fundamental da liderança no processo de gestão dos quadros profissionais.

Lazer, recreação e entretenimento são expressões do mesmo fenômeno, utilizadas frequentemente como sinônimos, ou associadas no mesmo entendimento, ou particularizadas e distintas umas relativamente às outras, conforme interpretações diferentes das formas de uso do tempo social, pelas pessoas e pelas coletividades, orientadas por atitudes, interesses e motivações dissociadas do ganho material ou pecuniário, mas vinculadas ao prazer, à ludicidade, ao bem-estar e à simples fruição da existência.

O lazer é definido hoje como "uma dimensão da vida", ou uma "dimensão existencial", em conexão com as demais atividades das pessoas, consideradas individual e coletivamente, sem conotação de predomínio ou relação comparativa de importância, relevância ou prioridade. Se for pensada uma escala de prioridades, as preferências vão depender diretamente da situação de cada um, ou das condições conjunturais da sociedade, e não de uma ordem de importância estabelecida *a priori*. A presença e a participação do lazer na vida social devem ser pensadas em longo prazo e de modo permanente. O lazer é parte importante da existência individual e dos processos evolutivos da coletividade humana.

Ponderações que seguem a abordagem do filósofo alemão Josef Pieper (1904-1997), na obra publicada originalmente em 1948, "Musse und Kult", traduzida em 1952 para o inglês com o título "Leisure the Basis of Culture":

> Lazer, deve ser claramente compreendido, é uma atitude mental e espiritual – não é simplesmente o resultado de fatores externos, não é o inevitável resultado do tempo disponível, de um feriado, de um fim de semana ou de férias. Ele é, em primeiro lugar, uma atitude da mente, uma condição da alma. Lazer não é a atitude mental daqueles que intervêm ativamente, mas daqueles que estão abertos para todas as coisas (PIEPER, 1952, p. 40-41).

Os conceitos, as definições e as noções sobre o tema deste resumo compreendem um quadro muito mais amplo de considerações, articuladas sobre o uso do tempo social, e neste, sobre o tempo livre, o qual assume as mais diferentes configurações segundo cada cultura, cada região do planeta ou do país, cada cidade ou bairro da cidade, cada indivíduo e cada grupo social. Para os que praticam ou participam de programações de atividades e eventos, ou utilizam os serviços de organizações que oferecem experiências, ou que se entretêm, se divertem ou se distraem em suas residências ou em outros locais de modo autônomo e autodirecionado, sem interferência de terceiros e de acordo com suas preferências e possibilidades, é desnecessário identificar se o que estão fazendo pode ser considerado lazer, recreação ou entretenimento.

Para o gestor do lazer e do entretenimento, entretanto, o conhecimento das referências conceituais faz parte de suas atribuições profissionais. Neste caso, como uma ponderação que visa mais iniciar ou provocar um debate técnico do que oferecer afirmações conclusivas, o **lazer**, como uma dimensão da existência, uma condição da alma, uma atitude mental, é o fenômeno sociocultural abrangente, que faz parte da vida de todos, individual e coletivamente, e que proporciona oportunidades de obter satisfação, melhorar a qualidade de vida e de bem-estar, vivenciar os conteúdos e os fatos culturais da sociedade e da civilização, ampliar as possibilidades de convivência no ambiente social, urbano e natural, bem como estimular a própria vivência da condição humana.

A **recreação** pode ser pensada como a participação em atividades e/ou experiências escolhidas como ocupações ativas na fruição do tempo livre, de acordo com as práticas preferidas, as habilidades adquiridas e as interações sociais de cada indivíduo ou grupo.

E o **entretenimento** corresponde às formas e maneiras de ver, assistir, acompanhar, desfrutar dos serviços oferecidos pelas organizações que os oferecem, com a finalidade de propiciar momentos agradáveis e divertidos, bons para a alma (como observou Glover) e descomprometidos, proporcionando sensações e emoções (como indicou Murakami). O quadro analítico de Bates e Ferri é consistente e pertinente para essa compreensão.

1.4. Referências bibliográficas

ALHONDIGA BILBAO. Site. Disponível em: <http://www.alhondigabilbao.com/la-alhondiga-centro-de-ocio-y-cultura>. Acesso em: 27 jun. 2016.

BATES, S.; FERRI, A. J. What's Entertainment? Notes toward a definition. **Studies in Popular Culture**, vol. 33, n. 1, p. 1-20, Fall 2010. Disponível em: <http://www.jstor.org/stable/23416316?seq=1#page_scan_tab_contents>. Acesso em: 27 jun. 2016.

BOULLÓN, R. C. **Las actividades turísticas y recreacionales**: el hombre como protagonista. 4. ed. Ciudad del México: Trillas, 1999. 199p.

CROSSLEY, J. C. et al. **Introduction to Commercial Recreation and Tourism:** an entrepreneurial approach. 6.ed. Urbana: Sagamore, 2012. 455p.

GERLERO, J. Diferencias entre Ocio, Tiempo Libre y Recreación. **I Congreso departamental de recreación de la orinoquia colombiana.** Villavicencio, Meta. Oct. 20 – 22 2005. Disponível em: <http://www.redcreacion.org/documentos/cmeta1/JGerlero.html>. Acesso em: 27 jun. 2016.

GLOVER, D. What is Entertainment? **TENews**, Oct. 3rd, 2011. Disponível em: <https://ten21stcentury.wordpress.com/2011/10/03/what-is-entertainment/>. Acesso em: 26 jun. 2016.

GUERRA, M. **Recreação e lazer**. 3.ed. Porto Alegre: Sagra, 1991. 164p.

HUMAN KINETICS. **Definition of leisure, play, and recreation**. Disponível em: <http://www.humankinetics.com/excerpts/excerpts/definitions-of--leisure-play-and-recreation>. Acesso em: 27 jun. 2016.

MCLEAN, D.; HURD, A.; ROGERS, N. B. **Kraus' Recreation and Leisure in Modern Society**. 8.ed. Sudbury: Jones and Bartlett Publishers, 2008. 370p.

MORATO, M.; IGLESIA, R. G. de la. Projetos e Processos Emblemáticos: o caso Bilbao. *In*: REIS, Ana Carla Fonseca (org.). **Cidades Criativas, Soluções Inventivas**. São Paulo: Garimpo de Soluções, 2010, p. 202-279.

MURAKAMI, L. C. Conceitos básicos de marketing de entretenimento. *In*: COBRA, M. (org.). **Marketing do Entretenimento**. São Paulo: Senac, 2008, p. 23-29.

PIEPER, J. **Leisure the Basis of Culture**. Markham: Penguin Books Canada, 1963. 68p.

PINA, L. W. Tempo livre como ativo econômico. **Inteligência Empresarial**, n. 37, p. 12-20, Rio de Janeiro, 2013.

PRONOVOST, G. **Introdução à Sociologia do Lazer**. São Paulo: Senac, 2011. 203p.

PRONOVOST, G. **Temps, Culture et Société**. Québec: Presses de l'Université du Québec, 1983. 333p.

VEAL, A. J. Definitions of Leisure and Recreation. **Australian Journal of Leisure and Recreation**, v. 2, n. 4, 1992, p. 44-48, 52. Republicado por School of Leisure, Sport and Tourism, Universidade de Tecnologia, Sidney, como Working Paper n. 4. Disponível em: <https://funlibre.org/biblioteca2/docs_digitales/investigacion/definiciones_ocio_y_recreacion.pdf>. Acesso em: 08 jul. 2016.

2. Fundamentos da Gestão para o Lazer e o Entretenimento

Luiz Wilson Pina

Acompanhando o progresso científico e tecnológico dos últimos cem anos, um dos campos do conhecimento que passou por um processo de evolução significativo, tornando-se uma das áreas de maior procura por parte daqueles que buscam formação profissional e registrando uma grande produção de estudos, propostas de modelos operacionais, pesquisas e material bibliográfico, foi o das Ciências da Administração.

Sobre as suas origens, Ribeiro considera que:

> Elas estão ligadas às consequências geradas pela Revolução Industrial, principalmente a duas delas: o crescimento acelerado e desorganização das empresas, que gerou um aumento da complexidade da administração e a necessidade de maior planejamento e, consequentemente, uma abordagem científica, substituindo a improvisação por métodos racionais de trabalho; e a necessidade que as empresas passaram a ter de aumentar a eficiência e a competitividade, procurando obter um melhor aproveitamento dos seus recursos para poder enfrentar a concorrência e a competição, que aumentavam a cada dia. Além disso, as condições empresariais do começo do século XX eram ideais para o surgimento de uma nova teoria sobre a administração: grande número de empresas gerando grande concorrência, problemas de aproveitamento do maquinário instalado, com grandes perdas de produção devido a decisões mal planejadas, insatisfação entre os operários, etc. (2010, p. 16).

O texto em referência demonstra que no seu início a administração foi diretamente orientada para o estudo das empresas – organizações com finalidades lucrativas –, e, entre as empresas, para aquelas do setor industrial, mineradoras e produtoras de bens manufaturados.

Ao longo do seu rico processo de desenvolvimento, as ciências da administração incorporaram as demais formas de organização: primeiramente as empresas comerciais e financeiras, em seguida as prestadoras de serviços, posteriormente os setores públicos e as organizações sem finalidades lucrativas, conhecidas genericamente como ONGs (organizações não governamentais).

Ribeiro (2010, p. 13-14), apresenta uma visão geral da evolução do pensamento administrativo, de 1890 até o presente: começando pelos muito conhecidos Frederick W. Taylor (1856-1915) e Henry Fayol (1841-1925), o primeiro criando a Escola da Administração Científica e o segundo, a Escola Clássica Normativista. Enumera, após essas duas primeiras (de 1890 a 1925), as demais: de Relações Humanas (1927); do Comportamento Humano (1932-1940); da Burocracia (1940); Estruturalista (1950); dos Sistemas, baseada na Teoria Geral dos Sistemas, de Ludwig Von Bertalanffy, (1951); da Administração por Objetivos (1954), do também muito conhecido Peter F. Drucker; do Desenvolvimento Organizacional (1962); da Contingência (1972); e da Qualidade Total e Melhoria Contínua, "tendência dos anos 1980 até nossos dias".

Toda essa ampla produção deu origem a uma imensa quantidade de métodos e processos sugeridos para as organizações em geral, inclusive no setor público, o qual, entretanto, segue um conjunto de regras específicas determinadas no quadro do Direito Administrativo (sempre no caso brasileiro).

Nas últimas décadas, ganhou força e expressão o termo "gestão", sendo genericamente empregado e aplicado como sinônimo de "administração", embora muitos estudiosos do tema divirjam dessa sinonímia e defendam que as duas palavras têm significados diferentes.

Bialès aponta as origens da expressão:

> Gestão vem do nome latino *gestio*: ação de gerir, execução, originário do verbo *gerere*, executar, realizar; inicialmente por conta de outrem, daí o gerente de negócios, que é um mandatário. Essa referência à noção de execução e a expressão "conta de gestão"

> mostram que a gestão se aplica a priori à atividade corrente e a um horizonte de decisão relativamente curto. No entanto, a palavra ganhou um sentido mais ambicioso tornando-se plenamente o sinônimo dos termos de administração, de gerenciamento, de governo, de direção. Ele lhes é mesmo preferido pois fala-se de estudos de gestão, de faculdade de gestão, de professores de ciências da gestão, etc. (2014, p. 3).

Neste estudo, são adotadas as ponderações desse mesmo autor sobre o significado operacional da gestão, como segue: "o objeto da gestão é a organização, e o seu projeto é a melhoria das performances" (2014, p. 6); "a gestão é a ciência da ação, e o direito é a ciência da regulação" (p. 4); "pode-se considerar que a gestão consiste na estruturação da organização e da alocação dos recursos em vista da melhor realização dos objetivos fixados" (p. 4).

Tais interpretações são articuladas com a definição de Martinez: "a gestão, entendida em termos contemporâneos, é o procedimento de adequação de recursos de qualquer tipo aos fins para os quais foram obtidos esses mesmos recursos" (2007, p. 33).

Com esses entendimentos, aborda-se a gestão do lazer e do entretenimento como "o processo pelo qual um gestor trabalha com recursos – especialmente humanos – para alcançar metas e objetivos". A boa gestão deve "incluir objetivos tanto qualitativos quanto quantitativos" (TORKILDSEN, 1992, p. 443).

Como visto no primeiro capítulo, o lazer e o entretenimento são praticados pelas pessoas, individual e coletivamente, de duas maneiras: em suas residências, seja na própria moradia ou no seu condomínio, situação cada vez mais frequente; e fora de casa, nas vias urbanas, praças, praias, em equipamentos de lazer e entretenimento dos mais variados, como centros culturais, centros esportivos, casas de espetáculos, clubes associativos e recreativos, e muitos outros locais, como danceterias e boates, bares, restaurantes e lanchonetes, shopping centers, etc., e em ambientes fora das cidades, como parques e áreas de conservação, sítios e fazendas, espaços naturais, montanhas, lagos e cursos d'água.

Um imenso sistema de produtos e serviços foi estruturado, nos dois últimos séculos, para atender a todos os interesses culturais manifestados pelos indivíduos e pelas sociedades: o setor editorial, que publica material de leitura, como livros e revistas; o setor fonográfico-musical, que antes das invenções dos modernos sistemas de reprodução publicava partituras e agora grava, edita e dissemina a música por vários meios e de diversas formas; a denominada indústria cinematográfica, que produz uma grande quantidade de filmes por ano; o setor televisivo, com programas de entretenimento, edição de séries, exibição de novelas, apresentações musicais e outras artes de performance; o setor de jogos, a princípio manuais, e agora imensamente fortalecido pelos meios digitais, com os jogos virtuais acessados por várias plataformas, como *notebooks*, telefones celulares e *tablets*; o sistema radiofônico, com incontáveis emissoras, que resistem à concorrência da televisão e de outros meios, acompanhando o dia a dia das pessoas com os seus programas de música, entretenimento e informação; e o rico e bilionário segmento dos esportes profissionais, organizado em federações e ligas por todo o mundo, apoiado direta e permanentemente pelo rádio, pela televisão, pela mídia impressa e pela mídia digital.

Essa moderna indústria, esta é a denominação corrente, fornece um universo de conteúdos e meios para o lazer e o entretenimento das pessoas, e funciona segundo suas próprias finalidades e metodologias administrativas, geralmente visando ao lucro e à consolidação de suas posições no mercado de demanda e oferta. Verifica-se, no caso, o desenvolvimento de métodos e processos específicos e próprios de gestão para cada segmento, sempre sob a orientação das chamadas regras do mercado.

Não são, portanto, objeto da presente análise, que está focada nas organizações que fornecem serviços de lazer e entretenimento, atendendo diretamente as pessoas com as suas ofertas de programas de atividades e de eventos.

2.1. As organizações do lazer e do entretenimento

2.1.1. Conhecendo as organizações

Uma característica do momento atual do nosso processo civilizatório é a presença das organizações na vida de todos, individual e coletivamente. Cada vez mais as organizações participam das atividades humanas, em todos os aspectos da existência. E ainda, para qualquer atividade ou interesse, cada vez mais as pessoas têm de procurar por organizações que oferecem essas possibilidades e administram essa mesma oferta.

Como observa Jones, "poucas coisas no mundo de hoje são tão importantes ou conhecidas como as organizações" (2010, p. 1). Acrescentando que "agrupar pessoas e outros recursos para produzir bens e serviços é a essência da organização e do que uma organização faz" (p. 1), o mesmo autor define:

> Uma organização é uma ferramenta que as pessoas usam para coordenar suas ações e obter alguma coisa que desejam ou valorizam – ou seja, para atingir seus objetivos. Pessoas que valorizam o entretenimento criam organizações como a Walt Disney Company, a CBS ou um clube local. Uma organização é uma resposta para e um meio de satisfazer alguma necessidade humana. Novas organizações são criadas quando novas tecnologias tornam-se disponíveis e novas necessidades surgem (JONES, 2010, p. 1-2).

As organizações podem ser "informais" quando não são estruturadas de acordo com normas legais ou quando não são constituídas com regras escritas, estatutos, etc. E podem ser "formais" quando constituídas segundo estatutos, regras, normas, protocolos, etc. Muitas organizações surgem de modo informal e posteriormente se articulam formalmente, inclusive porque a legislação dos países em geral estimula tal procedimento.

As organizações são de muitos tipos: privadas, públicas, semipúblicas, ONGs (organizações não governamentais). E são estruturadas segundo muitos modos e com muitas finalidades diferentes: clubes, igrejas, fundações, associações, sindicatos, empresas, cooperativas, etc.

Como indicado por Jones, sua razão de existir é de uma cristalina obviedade: sua **finalidade**. E, para cumpri-la, cada organização utiliza programas ou métodos de ação, inspirados pelas ideias, passadas e/ou presentes, individual ou coletivamente construídas, que podem variar conforme as mudanças no ambiente social, político, econômico e cultural onde atuam.

Cada finalidade exige **programas de ação**, e cada programa, ou cada conjunto de programas, exige uma **administração**. São, portanto, muitas e variadas as modalidades de sistemas administrativos – os quais, antes de tudo, são criados e formados por pessoas. Nas teorias da administração, hoje, considera-se como principal recurso de qualquer organização o seu "**capital humano**", o seu **quadro de pessoal**.

2.1.2. As organizações do setor privado, com finalidades lucrativas

São as organizações mantidas pelo capital privado que atuam com finalidades lucrativas nas diversas áreas do lazer.

- Teatros particulares, criados e mantidos por empreendedores privados.

- Clubes criados por empreendedores privados, que cobram títulos e mensalidades das pessoas que querem utilizá-los e os administram diretamente, com métodos empresariais.

- Casas de espetáculos, onde são realizadas apresentações artísticas, sobretudo musicais, mas também outras modalidades, como dança, ilusionismo, etc.

- Academias de ginástica e dança, que passaram por um processo de modernização, refinando seu conceito e aprimorando suas instalações e seus serviços.

- Cinemas. Os cinemas passam por um processo de transformação conceitual – em vez da grande sala isolada, espaços menores em shoppings centers, em conjuntos de quatro ou mais salas; um conceito ampliado desses conjuntos (*multiplex*) é aquele que associa números maiores de pequenas salas (cada uma com cerca de duzentos lugares), de oito a 12, e geralmente incorporadas a shoppings centers ou a outros complexos – como parques temáticos, restaurantes e lanchonetes *fast food*, etc.

- Parques de entretenimento. Este é um setor muito amplo, atraindo grandes investimentos na sua construção e operação. Estes, por sua vez, também passaram por mudanças conceituais. O setor compreende os parques de diversões tradicionais, os parques temáticos, os parques aquáticos, os parques de vida marinha, os parques zoológicos e safáris, as atrações temáticas e outros conceitos, como os centros de entretenimento familiares (FEC, na sigla em inglês).

- Danceterias e similares, locais para dançar, com música ao vivo ou DJs. Nesse segmento de mercado, sempre muito dinâmico, surgem conceitos que seguem "modismos" e "ondas" do momento, como, por exemplo, os que tocam música sertaneja; ou os locais especializados em outras modalidades, como funk ou hip hop; os mais ecléticos, que apresentam vários gêneros musicais; na continuidade do processo que deu origem em determinada época às "danceterias". Esse movimento tem raízes históricas: na Viena do século XIX, existiam centenas de salões para valsa e na Buenos Aires do século XX, centenas de locais para o tango. Gêneros musicais e formas de dança vão surgindo no percurso do tempo e provocando a implantação de espaços para o público interessado. São as organizações do entretenimento que seguem os movimentos culturais de cada época.

- Shoppings centers, que há muito deixaram de ser locais para compras para se transformarem em verdadeiros centros de lazer. Os mais recentes empreendimentos nessa área são inclusive planejados a partir de suas instalações de lazer. Os projetos mais recentes incorporam, além de grandes praças de alimentação, teatros completos, espaços de entretenimento como quadras de boliche, etc. Observa-se na São Paulo atual uma iniciativa curiosa: gradativamente, os shoppings centers estão colocando banco e poltronas nos corredores e nos espaços mais amplos disponíveis: assumiram o lazer como comportamento e preferência da clientela.

- Bares que oferecem programações musicais ao vivo. Neste caso, uma tendência é a criação de legislação municipal exigindo que bares e restaurantes com música ao vivo tenham tratamento acústico. Vide, no capítulo sobre direito, a relação entre "direito ao lazer e ao entretenimento" e "direito do lazer e do entretenimento".

- Hotéis e unidades de hospedagem. O setor de hospedagem em geral – hotéis, *resorts*, pousadas – está se orientando diretamente para o lazer. Inclusive muitos hotéis que antes se concentravam apenas em hospedar as pessoas estão efetivando uma mudança conceitual, tornando-se "hotéis de lazer", com a implantação de novas instalações, como piscinas. E muitos hotéis estão acrescentando aos seus serviços atividades de lazer, com equipes de monitores terceirizados contratados para tal. Alguns também já estão incluindo monitores de lazer no seu quadro fixo de pessoal. Este é um dos setores com potencial de crescimento, evidentemente em relação direta com a expansão do turismo interno.

2.1.3. As organizações do setor público

Diferentemente do setor privado, que se estrutura basicamente sobre equipamentos – por exemplo, o cinema, o parque, a casa de espetáculos, a danceteria, isoladamente, ou em rede, como o sistema de parques aquáticos *Wet & Wild* – ou então associados em complexos como shoppings centers, o setor público se estrutura em departamentos, como secretarias estaduais e municipais, departamentos dentro de secretarias e autarquias – departamentos com administração autônoma. Os estados e municípios brasileiros têm secretarias de turismo, lazer, cultura e esporte, como denominações simples – "Secretaria de Cultura", por exemplo – ou compostas – "Secretaria de Esportes, Lazer e Recreação", "Secretaria de Cultura e Turismo", etc.

Essas secretarias e departamentos mantêm equipamentos próprios, destinados a receber as mais diferentes modalidades: teatros, para as artes cênicas, e também para apresentações musicais e de dança; museus, para a manutenção do patrimônio histórico-cultural criado pela sociedade e para modalidades artísticas, principalmente no setor das artes plásticas e visuais; centros culturais, para as diversas modalidades artísticas – música, dança, teatro, artes plásticas, etc.; bibliotecas, centros e conjuntos esportivos; centros aquáticos.

Os parques merecem atenção especial: os parques nacionais, ainda muito pouco utilizados no Brasil para o lazer da população; os parques estaduais, também ainda muito pouco usados; os parques urbanos, geralmente municipais, às vezes estaduais, dentro das cidades, e em muitos casos com capacidade subutilizada. O segmento de parques tem um imenso potencial para oferecer atividades de lazer e entretenimento para toda a população, o que é comprovado pela frequência aos parques municipais urbanos. O Brasil tem uma enorme estrutura de áreas de conservação, federais e estaduais, e poderia ampliar exponencialmente a sua oferta de atividades nesses locais, sem prejuízo de sua qualidade ambiental, de acordo com normas, critérios e programas de uso que permitissem a frequência da população, preservando ao mesmo tempo as suas características naturais.

2.1.4. As organizações privadas sem finalidades lucrativas

Essas organizações são consideradas geralmente mais ágeis e dinâmicas do que o setor público. Não tendo finalidades lucrativas, investem em programas culturais e em atividades de lazer a menor custo para a população, ou para os seus associados, conforme cada caso. Já formam um setor muito forte no lazer, como pode se verificar pela relação a seguir:

- Clubes associativos e recreativos, mantidos e administrados por seu quadro de sócios. Os clubes foram criados originalmente na Inglaterra, e no Brasil assumiram características próprias. Durante muito tempo, foram uma das poucas ofertas em lazer e entretenimento nas cidades brasileiras, principalmente nas médias e pequenas. Toda cidade contava com os seus clubes, que as animavam nas épocas festivas, como carnaval e feriados, com festas e bailes. Inclusive, muitos clubes eram cenários para apresentações musicais de intérpretes e grupos conhecidos, em turnês pelo interior do país, o que acontece ainda nos tempos atuais. Os clubes tiveram grande importância para o lazer e o entretenimento dos brasileiros, e têm um papel nesse sentido nos dias de hoje, mesmo com o aumento da oferta por parte de outras organizações, públicas, privadas e do terceiro setor.

- Clubes organizados por categorias profissionais, como os do Banco do Brasil, ou dos sindicatos de trabalhadores, por exemplo, ou por associações e grêmios de empresas.

- Fundações culturais e beneficentes, que desenvolvem programações para a comunidade e para grupos comunitários.

- Institutos culturais criados por grupos empresariais, porém com administração autônoma, como, por exemplo, o Instituto Cultural Itaú, em São Paulo, e o Centro Cultural Banco do Brasil, no Rio de Janeiro.

- A Associação Cristã de Moços (ACM), entidade internacional que mantém centros de serviços em muitas cidades do Brasil.

- As instituições criadas e mantidas pela indústria, pelo comércio pelo setor de transporte – Sesc, Sesi e Sest, serviços sociais do comércio, da indústria e dos transportes – que fazem parte do assim denominado Sistema "S", que administram uma importante e bem construída rede nacional de equipamentos de lazer, com ampla programação em muitos estados do país. Representam no conjunto uma considerável oferta de instalações, atividades e eventos para o lazer e o entretenimento da população urbana.

Observe-se que duas leis recentes vieram estabelecer critérios e protocolos para as organizações do terceiro setor no Brasil: a Lei das Organizações Sociais (nº 9.637, de 15 de maio de 1998), que define a sua qualificação no Artigo 1º: "o Poder Executivo poderá qualificar como organizações sociais pessoas jurídicas de direito privado, sem fins lucrativos, cujas atividades sejam dirigidas ao ensino, à pesquisa científica, ao desenvolvimento tecnológico, à proteção e preservação do meio ambiente, à cultura e à saúde, atendidos aos requisitos previstos nesta Lei".

E a Lei nº 9.790, de 23 de março de 1999, das Organizações Sociais da Sociedade Civil sem Interesse Público (OSCIPS), a qual estabelece na sua qualificação, entre outras funções, a de promoção da cultura, defesa e conservação do patrimônio histórico e artístico (inciso II) e a defesa, preservação e conservação do meio ambiente e promoção do desenvolvimento sustentável (inciso VI).

Agora regulamentadas, as organizações do terceiro setor poderão ampliar mais o escopo de suas ações e aprimorar suas ofertas para a população brasileira, completando a atuação dos poderes públicos e contribuindo para melhorar o padrão de vida e bem-estar da população brasileira.

2.2. Características comuns às organizações do lazer e do entretenimento

2.2.1. Finalidades e/ou objetivos específicos e explícitos

Cada organização de lazer possui finalidades e objetivos próprios, determinados quando de sua criação. Essas finalidades – a que se destina a organização – e esses objetivos – o que pretende atingir e realizar – são declarados e explicados nos seus documentos legais de criação e constituição. Por exemplo, o registro da empresa de exibição de filmes na associação comercial local ou nos órgãos públicos locais.

38 Gestão do Lazer e do Entretenimento

Para quem vai trabalhar na organização ou com a organização, o primeiro passo importante é conhecer o seu objetivo ou a sua finalidade. E que esses objetivos ou finalidades sejam sempre muito claros.

2.2.2. Produto de uma cultura determinada

Essas organizações não surgem espontaneamente, a partir da ideia de uma pessoa ou de um grupo de pessoas. Surgem em uma cultura determinada, em um local e em uma época, respondendo ou correspondendo às aspirações ou necessidades percebidas ou identificadas nessa mesma sociedade.

Por exemplo, embora não sejam empresas, os clubes associativos no Brasil, implantados para oferecer atividades esportivas e recreativas, supriam uma lacuna dos poderes públicos, que raramente ofereciam tais serviços. Na mesma linha de raciocínio, surgiram no país muitos teatros privados, mantidos por particulares e administrados empresarialmente, que respondem hoje por considerável proporção da oferta em grandes metrópoles como Rio de Janeiro e São Paulo.

Ou os shopping centers, que iniciaram suas operações como um conjunto de pontos de venda reunidos em uma única grande construção, passaram a ser utilizados pelas pessoas como local de passeio e entretenimento, e hoje estão sendo implantados a partir de um conceito de lazer e de propostas concretas de oferta de serviços de lazer.

2.2.3. Instrumento de realização social de ideias e de propostas de ação

Indivíduos e grupos têm motivações, interesses, projetos, com ideias e propostas de ação no campo da cultura. Criando e estruturando tais organizações, estas passam a atuar como meios para a realização dessas propostas, reunindo recursos que passam a ser administrados com tais objetivos.

2.2.4. Instrumento de expressão, comunicação e difusão cultural

Em muitas comunidades existem pessoas e grupos trabalhando em diferentes modalidades artísticas que não encontram oportunidade para mostrar a sua produção. Determinados empreendimentos de lazer oferecem algumas possibilidades para que essa produção cultural seja exibida ao público. Por exemplo, galerias de arte particulares e casas de espetáculos musicais em geral.

2.2.5. Direcionadas para a prestação de serviços a uma clientela específica

Antes mesmo do chamado "mercado", formado pelos agentes econômicos do setor privado, "descobrir" a importância do cliente, essas organizações já atuavam na elaboração de programas de serviços voltados, direcionados, para uma clientela específica, uma determinada comunidade ou certos interesses culturais. Repetindo o exemplo anterior, as casas de espetáculos musicais – além das casas de shows e os bares com programações musicais. Como o conhecido *Vou Vivendo*, na cidade de São Paulo, que durante muitos anos ofereceu uma rica programação musical com base no gênero "choro".

2.2.6. Desempenhando funções sociais

Muitas dessas organizações atendem assim a setores importantes para a qualidade de vida das comunidades. Ou então, por sua natureza e pela flexibilidade no uso dos recursos, podem desenvolver experiências, propor atividades inovadoras, criar novos processos e ousar novas atividades. Muitas vezes, agem como instituições de "ponta" na comunidade, formulando e propondo ideias e iniciativas que depois se tornam comuns e são adotadas por outros agentes socioculturais. Por exemplo, programas de educação ambiental que depois geram atividades de turismo ambiental.

2.3. Procedimentos administrativos comuns

2.3.1. Visão estratégica própria de mercado e de público

Cada organização define sua área de atuação e os públicos para os quais deverá direcionar sua oferta. Cultural e historicamente, as organizações de lazer souberam desenvolver uma abordagem estratégica apropriada.

2.3.2. Estruturas administrativas peculiares

Estruturas administrativas montadas caso a caso: por exemplo, embora exista uma base comum, observa-se que cada clube determina a sua estrutura, com diferenças comparativamente aos demais. Essas diferenças são mais evidentes ainda conforme cada tipo de organização. Por exemplo, entre clubes e academias de ginástica e dança; entre as empresas teatrais e o Sistema "S", Sesc e Sesi. Em muitos casos, soluções criativas foram encontradas na elaboração de organogramas, na hierarquização de tarefas e funções e na atribuição de responsabilidades.

2.3.3. Processos administrativos próprios

Da mesma forma, cada organização adota processos administrativos peculiares à sua natureza. Nos recursos físicos, planejando e construindo instalações de acordo com suas finalidades; nos recursos materiais e financeiros, de acordo com suas respectivas programações; e nos recursos humanos, igualmente de acordo com suas propostas de ação e suas atividades. Este é um campo muito rico para pesquisas acadêmicas nas áreas da administração e da gestão. Muitas metodologias próprias de gestão foram elaboradas e formatadas pelas organizações do lazer e do entretenimento e merecem estudo e divulgação. Especificamente sobre recursos físicos trata o capítulo **Gestão de Recursos Físicos para o Lazer e Entretenimento**.

2.3.4. Treinamento e desenvolvimento de pessoal

As organizações de lazer tiveram, ao longo de sua existência, que desenvolver e adotar procedimentos próprios para treinamento de pessoal, visto que os recursos humanos, em muitos casos, não recebiam preparação no mercado de trabalho formal para as funções que deveriam desempenhar nessas mesmas organizações. Tiveram, portanto, de estruturar sistemas próprios para muitas das tarefas específicas à sua ação. Por exemplo, os quadros envolvidos na programação das atividades, em cinemas, teatros, academias de ginástica, dança e de esporte.

2.4. A gestão do lazer e do entretenimento: quadro sintético

> Lazer e entretenimento: experiência vivenciada e/ou fruição, além do consumo.

Orientando-se pelas teorias de gestão, a partir do modelo PODC – Planejar, Organizar, Dirigir, Controlar –, dos princípios de Fayol e da evolução do conhecimento nessa área, sugere-se um quadro sintético de procedimentos para o gestor do lazer e do entretenimento, para provocar o debate e estimular os interessados a desenvolverem uma metodologia de gestão apurada e aperfeiçoada para as organizações que oferecem serviços e programas de atividades e eventos nesse segmento sociocultural.

2.4.1. O papel do gestor

a. Propor e desenvolver uma filosofia e uma política de ação

Ideias que orientam os procedimentos e conjunto de procedimentos e/ou processos operacionais. O que se pensa, o que se faz, como faz.

- Finalidades do empreendimento.
- Público (*target*).
- Relacionamento com o público.
- Relacionamento com a comunidade (ambiente sociocultural).

b. Montar uma estrutura administrativa e operacional

De acordo com a política de ação adotada. Voltada para a satisfação do cliente.

- Identificar a clientela. Seus gostos e preferências, seus interesses, suas motivações, seu comportamento.
- Treinar o seu pessoal para desenvolver o melhor relacionamento possível com a clientela e com a comunidade (ambiente sociocultural).
- Criar ambientes confortáveis, agradáveis e seguros para a clientela e para o quadro de pessoal próprio e terceirizado.
- Limpeza, higiene, qualidade de acabamento, comunicação visual, visualização interna e externa.

c. Estruturar o quadro de pessoal

- Recrutamento e seleção.

    o Segundo as finalidades do empreendimento e sua política de ação.

    o Critérios: entusiasmo, iniciativa, formação, informação, dedicação, integridade, envolvimento, capacidade de empatia, responsabilidade, liderança e comunicação.

- Estruturação do quadro e treinamento.

    o Deverão ocorrer de acordo com o processo inicial de recrutamento e seleção, atendendo aos mesmos critérios. Haja vista que algumas competências são trazidas pelos profissionais e outras a própria empresa poderá contribuir para desenvolvê-las, de acordo com a política e as estratégias organizacionais.

O capítulo **Gestão de Pessoas no Lazer e no Entretenimento com Foco em Liderança** complementa as questões sobre gestão.

d. Recursos físicos e materiais

- Desenvolver o conceito do empreendimento.

    o Resultante: o projeto arquitetônico e as construções (e/ou reformas).

- Criar as ambientações dos espaços utilizados.

- Escolher os materiais e equipamentos de uso adequados.

    o Critérios: durabilidade e resistência; qualidade do acabamento; assistência técnica e prazos de garantia; conforto para os usuários; segurança para os usuários; qualidades estéticas, visuais e sensoriais.

O capítulo **Gestão de Recursos Físicos para o Lazer e o Entretenimento** complementa e aprofunda este item.

e. Política de ação – procedimentos

- Obtenção dos recursos financeiros para investimento. Verificar fontes e condições viáveis.

- Planejar o empreendimento – estruturação física. Projetos e construção. Contratos para projetos e para construção. Montar sistema de supervisão para projetos e obras.

- Montar e supervisionar o processo de recrutamento e seleção de pessoal.

- Montar e supervisionar o processo de treinamento. Definir os treinamentos internos (na organização) e externos (em outras organizações, como universidades, faculdades, empresas especializadas, Senac, Senai, etc.).

- Desenvolver (ou encomendar) os projetos de comunicação visual e montar os sistemas (ou supervisionar sua montagem).

- Montar e supervisionar os sistemas de logística: aquisição e conservação de materiais de uso e equipamentos, determinação do ciclo de vida dos materiais, montagem do quadro de fornecedores, etc.

- Montar e supervisionar os sistemas de manutenção e segurança.

- Montar e supervisionar os sistemas de controle – financeiros, de caixa, etc.

- Montar e supervisionar os sistemas de atendimento da clientela.

  o Segurança e conforto para a clientela.

  o Atendimento inicial – primeiro atendimento.

  o Recepção e informações.

  o Permanência do usuário.

  o Segurança de acesso e de circulação (interna e externa).

  o Segurança na participação das atividades e no uso dos equipamentos e materiais. Controle preventivo de acidentes (clientela e empregados).

  o Primeiro socorro e atendimento de emergência.

  o Seguros – para a clientela e para os empregados. E, fundamental, os seguros de responsabilidade civil.

- Montar e desenvolver uma programação de atividades permanentes e de eventos.

  o Funcionamento pré-operacional (*soft opening*).

  o Inauguração.

  o Funcionamento.

- Estruturar os processos de comunicação e divulgação.

  o Estudo das mídias mais adequadas.

- Desenvolver processos de relacionamento com a comunidade (ambiente sociocultural).

  o Comunicação e informação para a vizinhança, visitantes, comunidade em geral.

  o Entendimentos prévios e ao longo do funcionamento.

  o Respeito à vizinhança e à comunidade.

  o Contribuições para a comunidade. Ambientais e sociais.

- Montar o sistema de avaliação. Sugere-se a construção de indicadores.

  o Dos procedimentos.

  o Da satisfação da clientela.

  o Do desempenho do pessoal.

  o Dos interesses e das sugestões da clientela.

- Política de preços – procedimentos para calcular e estabelecer os preços dos serviços oferecidos.

  o Determinação dos custos.

  o Comparação com os concorrentes ou com as organizações que atuam na área e oferecem serviços assemelhados.

  o Capacidade de pagamento da clientela (ex.: teatro em São Paulo e no Rio de Janeiro).

  o *Mix* dos produtos alternativos oferecidos. Alimentação; artigos de vestuário; licenciamento de produtos, etc.

- Programar as possibilidades de expansão – oferta e recursos.

  o Avaliação das tendências na área.

  o Com recursos próprios.

  o Em sistema de franquia.

- Implantar o plano de marketing, articulado com os processos de comunicação, com a programação de atividades e eventos e com o ambiente sociocultural. Este processo será aprofundado no capítulo **Marketing Cultural e Esportivo: um Breve Olhar para a Gestão do Lazer e do Entretenimento**.

- Implantar um sistema de qualidade (análise, avaliação, desenvolvimento). Se viável, obter as certificações de qualidade (conjunto de normas ABNT NBR ISO 9000:2000). Conforme cada caso, e segundo as possibilidades financeiras e operacionais da organização, implantar os sistemas de qualidade da ABNT (Associação Brasileira de Normas Técnicas), como segue:

  o Sistema de Gestão Ambiental ABNT NBR ISO 14001.

  o Responsabilidade Social ABNT NBR 16001.

  o Sistema de Gestão de Segurança em Turismo de Aventura ABNT NBR 15331.

  o Serviços de Alimentação ABNT NBR 15635.

  o Sistema de Gestão da Sustentabilidade – Meios de Hospedagem ABNT NBR 15401.

  o Sistema de Gestão Integrada.

2.5. Encaminhamentos finais

As recomendações estão orientadas para o caso de criação de uma organização de lazer, no sentido genérico, adaptando-as para cada caso, nos três diferentes setores. No caso de uma organização já existente, trabalhar com as opções de **rever e/ou reformular, manter e aperfeiçoar** o que está funcionando.

Conceitos e aprofundamentos da gestão, em áreas que se destacam no cotidiano das organizações, serão tratados nos próximos capítulos, que complementam e interagem com os fundamentos apresentados. Importante salientar que, para a gestão, é imprescindível destacar e conhecer objetivamente os elementos que a compõem, exatamente da forma como foram registradas neste capítulo. A partir disso, o complexo sistema de gestão poderá ser movimentado de acordo com a filosofia, os ideais e a cultura organizacional.

2.6. Referências bibliográficas

BIALÈS, C. **La Gestion**. Montpellier, 25 juin 2014. Disponível em: <http://www.christian-biales.net/documents/Gestion.PDF>. Acesso em: 27 jun. 2016.

BRASIL. Lei nº 9.637, de 15 de maio de 1998. Dispõe sobre a qualificação de entidades como organizações sociais, a criação do Programa Nacional de Publicização, a extinção dos órgãos e entidades que menciona e a absorção de suas atividades por organizações sociais, e dá outras providências. Disponível em: <http://www.planalto.gov.br/ccivil_03/LEIS/L9637.htm>. Acesso em: 27 jun. 2016.

BRASIL. Lei nº 9.790, de 23 de março de 1999. Dispõe sobre a qualificação de pessoas jurídicas de direito privado, sem fins lucrativos, como Organizações da Sociedade Civil de Interesse Público, institui e disciplina o Termo de Parceria, e dá outras providências. Disponível em: <http://www.planalto.gov.br/ccivil_03/LEIS/L9790.htm>. Acesso em: 27 jun. 2016.

JONES, G. R. **Teoria das Organizações**. 6.ed. São Paulo: Pearson Education do Brasil, 2010. 461p.

MARTINEZ, J. T. **Conceptos y experiencias de la Gestión Cultural**. Madrid: Ministerio de Cultura, 2007. 117p.

MCGRATH, J.; BATES, B. **89 Teorias de Gestão que Todo Gestor Deve Saber**. São Paulo: Saraiva, 2014. 263p.

RIBEIRO, A. de L. **Teorias da Administração**. 2.ed. São Paulo: Saraiva, 2010. 176p.

TORKILDSEN, G. **Leisure and Recreation Management**. 3rd.ed. London: Chapman & Hall, 1992. 464 p.

3. Fundamentos do Direito Aplicados ao Lazer e ao Entretenimento

Sandra de Campos Seixas

Os capítulos e artigos do extenso Código Civil brasileiro (2002), fundamentado na Constituição Federal de 1988, contemplam uma multiplicidade de aspectos e questões da vida social da nação. Sua abrangência reflete a complexidade política, econômica, social e cultural de um país com uma grande população distribuída por um imenso território, com 26 estados, um Distrito Federal e 5.570 municípios, formando um dos maiores entes federativos do planeta.

Um dos seus capítulos – o Capítulo V, Dos Direitos de Vizinhança – estipula garantias para o local de residência dos cidadãos, protegendo sua moradia de interferências que possam comprometer sua qualidade de vida. É iniciado pelo Art. 1.277, que enuncia: "o proprietário ou o possuidor de um prédio tem o direito de fazer cessar as interferências prejudiciais à segurança, ao sossego e à saúde dos que o habitam, provocados pela utilização de propriedade vizinha".

A respeito do ruído excessivo, uma dessas interferências, o artigo citado confirma a proteção anteriormente estabelecida por duas resoluções do CONAMA, Conselho Nacional do Meio Ambiente, as Resoluções nº 1 e nº 2, ambas de 08 de março de 1990. A primeira "dispõe sobre critérios de padrões de emissões de ruídos decorrentes de quaisquer atividades industriais, comerciais, sociais ou recreativas, inclusive as de propaganda política". A segunda institui o Programa Nacional de Educação e Controle da Poluição

Sonora – Silêncio, estabelecendo "normas, métodos e ações para controlar o ruído excessivo que interfere na saúde e bem-estar da população". A ABNT, Associação Brasileira de Normas Técnicas, elaborou as normas definindo os limites aceitáveis para o ruído nas cidades. E a mesma Resolução nº 2, no seu Art. 3º, explicitou as competências do Programa: "compete ao IBAMA a coordenação do Programa Silêncio. Compete aos Estados e Municípios o estabelecimento e a implementação dos programas estaduais de educação e controle da poluição sonora, em conformidade com o estabelecido no Programa Silêncio".

Essas observações pertinentes a aspectos importantes da legislação brasileira, pois resguardam direitos essenciais para os cidadãos, remete a um fato acontecido nos últimos anos. Em importante metrópole brasileira, a implantação de uma nova e moderna arena de espetáculos, de desenho polivalente, possibilitando igualmente a realização de jogos de futebol e de outras modalidades, atraiu um grande público em vários eventos, tanto esportivos quanto artísticos. Todavia, a população residente no seu entorno e no bairro onde está localizado o estádio sofreu graves transtornos, com o ruído nas ruas e na arena, na sua circulação viária, no seu repouso domiciliar e com o acúmulo de lixo no meio urbano. Os fatos relatados provocaram a abertura de vários processos e motivaram igualmente a intervenção da Promotoria de Justiça de Habitação e Urbanismo.

Essa situação exemplifica uma visão dual de dois campos do conhecimento, o **direito** e o **lazer** (e/ou **entretenimento**): são diferentes as duas interpretações, porém direta e estreitamente relacionadas: o "direito ao lazer e ao entretenimento e o "direito do lazer e do entretenimento".

As pessoas que frequentam a referida arena de espetáculos têm todo o direito de fazê-lo nas suas horas de lazer e para o seu entretenimento. E os mantenedores desse espaço têm o direito de organizar eventos e atividades variadas, conforme sua configuração permite, e oferecer tais serviços ao público. É o primeiro caso.

Os moradores do bairro têm o direito de não ser incomodados em seu bem-estar, conforme prevê a legislação, federal, estadual e municipal. É o segundo caso: o sistema de normas legais democraticamente elaboradas, discutidas e aprovadas, as quais resguardam os direitos e protegem os cidadãos dos possíveis excessos observados em situações de entretenimento, como ruído excessivo, acima dos limites permitidos, obstrução das vias de circulação, comportamentos violentos e predatórios, e comprometimento da qualidade do tecido urbano, onde todos vivem e convivem. As leis e outras normas legais conciliam os interesses e as práticas sociais dos que promovem as atividades e eventos e os residentes nos locais ou no entorno dos equipamentos de lazer e entretenimento.

Esse sistema faz muito mais do que isso: ampara legalmente os contratos entre pessoas físicas e principalmente jurídicas, quando das atividades e eventos de lazer e entretenimento, como espetáculos, shows, apresentações teatrais, musicais e de dança, exposições de artes plásticas, feiras, festivais, festas, competições esportivas, experiências turísticas, estadias no sistema hoteleiro, recreação em ruas e praças, em parques urbanos e em áreas de conservação. E protege os direitos trabalhistas e previdenciários, assegurando ainda o adequado e devido pagamento para autores de obras literárias, musicais e teatrais, bem como dos impostos a serem recolhidos para as administrações públicas.

Ainda no caso circunstanciado, um instrumento legal de aplicação imediata e eficaz para adequar os interesses entre participantes das atividades no estádio/arena e os moradores do bairro é o Código de Postura Municipal. Os Códigos de Posturas Municipais regulam as relações entre o poder público local e as pessoas físicas e jurídicas, disciplinam o funcionamento dos estabelecimentos dos vários setores econômicos (comerciais, industriais, de serviços, etc.), com o sentido de manter a ordem, a higiene, a moral, o sossego e a segurança pública. Esses são os termos e as finalidades que usualmente estão explícitos em todas as leis aprovadas pelas câmaras municipais e sancionadas pelos prefeitos.

Os estabelecimentos que oferecem serviços de lazer e de entretenimento devem seguir as orientações dos Códigos de Posturas Municipais, como todos os demais, inclusive quanto aos respectivos horários de abertura e funcionamento. Utilizando um exemplo entre inúmeros, o Código de Posturas da Prefeitura Municipal de Maceió-AL, Lei nº 3.538, de 23 de dezembro de 1985, regula, no Art. 155, "a realização de divertimentos e festejos populares em logradouros públicos", exigindo licença prévia da prefeitura, a ser solicitada com a antecedência mínima de trinta dias. O Capítulo VI regula o funcionamento de casas e locais de divertimento públicos. O Art. 294 os define

50 Gestão do Lazer e do Entretenimento

como: teatros e cinemas; circos de pano e parques de diversões; auditórios de emissora de rádio e de televisão; salões de conferências e salões de bailes; pavilhões e feiras particulares; estádios ou ginásios esportivos, campos ou salões de esportes e piscinas; clubes noturnos de diversões. Devem obedecer e seguir as "exigências legais relativas à construção, segurança, higiene, comodidade e conforto da casa ou local de divertimento público". Nos demais artigos, são detalhados os critérios e estabelecidas as exigências concernentes.

Os Códigos de Posturas Municipais são aplicáveis, dentre um rol extenso de assuntos, envolvendo regras e critérios para a convivência pacífica e amigável dos cidadãos, também ao funcionamento das modernas arenas de espetáculos, importantes para o lazer e o entretenimento nas cidades atuais, possibilitando que estas sediem eventos e atividades, resguardando e protegendo ao mesmo tempo os direitos e o bem-estar dos moradores locais.

O Código de Postura pode ser considerado parte de um amplo conjunto de instrumentos legais direcionados de modo geral ou específico para o lazer e/ou entretenimento. E o direito do lazer e do entretenimento é reconhecido por especialistas como uma área relativamente recente no Brasil, mas, entre outras ponderações, é essencial para garantir o acesso e a prática dos cidadãos à oferta de serviços nas múltiplas modalidades desse fenômeno sociocultural, assegurando simultaneamente a convivência amistosa entre organizadores, promotores das atividades e eventos, público participante e os demais cidadãos.

Sua importância depende da relevância que a sociedade atribuir ao lazer e ao entretenimento, em nossa civilização urbana e tecnológica.

3.1. O direito ao lazer e ao entretenimento como direito fundamental

Sobre sua importância no Brasil, é do conhecimento geral e comum que o lazer está presente na Carta Magna. A Constituição brasileira de 1988 consagra o lazer como direito fundamental, conforme define o artigo 6º: "são direitos sociais a educação, a saúde, o trabalho, a moradia, o lazer, a segurança, a previdência social, a proteção à maternidade e à infância, a assistência aos desemparados, na forma desta Constituição". Essa inclusão é completada por considerações em outros artigos, como em vários incisos dos artigos 7º, 217 e 227.

Sugere ainda Lunardi (2010, p. 31) que na Constituição de 1988 existem outros direitos sociais "relacionados indiretamente ao lazer", como no caso "do Título VIII, que trata 'Da Ordem Social', que positiva diversas garantias como a saúde, a educação, a cultura, o desporto, a ciência, a comunicação social, o convívio familiar, os direitos das crianças, adolescentes e idosos, entre outros".

O tema é contemplado em outras proposições do direito, como observa o mesmo autor: "muitos instrumentos do direito do trabalho – em geral relacionados com a limitação da jornada de trabalho – são direcionados à proteção do lazer" e "os fundamentos que asseguram a limitação do tempo de trabalho são os mesmos que justificam a proteção do direito ao lazer" (LUNARDI, 2010, p. 27).

Antes de abordar a questão com fundamento no direito, Feigelson associa as duas noções, **lazer** e **entretenimento**:

> Propomos, portanto, que toda vez que estivermos diante dos termos "lazer" ou "entretenimento" no âmbito do ordenamento jurídico pátrio, estaremos diante de atividades escolhidas com liberdade, desinteressadas, hedonistas e pessoais, que visam à busca pelo prazer no tempo livre. Vale dizer que muitas vezes tais atividades poderão ter outras funções, que não meramente o lazer, correspondendo assim a atividades conjugadas de outros interesses (2014, p. 22).

Lunardi amplia essa perspectiva atribuindo uma abrangência maior à questão, pois, na sua opinião:

> ...o direito ao lazer ingressa no rol dos Direitos Humanos, ou seja, aqueles que a comunidade internacional considera como inerentes a todas as pessoas, indispensáveis para a dignidade humana e fundamentais para a existência da liberdade, da justiça e da paz no mundo (2010, p. 26).

Estudiosos e pesquisadores reformularam o pensamento e os paradigmas sobre o lazer nas últimas quatro décadas, mudando o seu entendimento, de atividades e atitudes compensatórias, para um fator social intrinsicamente significativo na vida das pessoas e das coletividades; não mais exercido no tempo liberado das obrigações e da busca pela sobrevivência ou pela prosperidade econômica, mas usufruindo das oportunidades e possibilidades do uso e da vivência do tempo social em equilíbrio com os demais interesses e motivações existenciais.

Nessa visão atualizada, pode-se valorizar a ponderação de Lunardi, quando destaca a importância do lazer no Estado Democrático de Direito, que entende como:

> O Estado Democrático de Direito corresponde ao modelo de Estado no qual ocorre a fusão entre direito e moral, sempre com o intuito de superar desigualdades sociais e promover a dignidade da pessoa humana, que é a sua principal característica, seu verdadeiro princípio fundamental. A sua forma é caracterizada pela soberania popular. São estabelecidos direitos e garantias fundamentais, ou seja, de um lado se estabelecem os direitos, que são disposições declaratórias, e, de outro lado, se estabelecem garantias, que são disposições que limitam o poder e asseguram a proteção do exercício dos direitos (2010, p. 32).

Complementa Lunardi que o direito ao lazer deve ser interpretado "buscando sua função social, que é indispensável no contexto do Estado Democrático de Direito", que é "um conceito-chave para entender a nossa atual organização político-social, pois a partir da sua concepção altera-se tanto o modelo de produção legislativa como de interpretação normativa, além de orientar a atuação da Administração Pública" (2010, p. 35-36). Assim, "no Estado Democrático de Direito, o lazer assume uma função essencial para o desenvolvimento social' (2010, p. 38).

Ao entender a sociedade como um sistema em mutação, estimulada esta pelas transformações sociais, políticas, econômicas, culturais, demográficas, tecnológicas e ambientais, evidencia-se como consequência direta que o direito é igualmente influenciado por tais processos. Duarte sintetiza essa ideia e apresenta uma outra noção (a dos direitos fundamentais):

> Todo discurso é manejado tendo por base um contexto histórico, uma experiência vivencial que lhe carreia conteúdo. No entanto as pessoas que se constituem e se embebedam dessa bagagem histórica "precisam" ser capazes de, a todo tempo, rever os pressupostos e os conteúdos que lhes são trazidos, muitas vezes, de

modo inconsciente. Por isso, o conteúdo da Constituição (e, logicamente, do direito como um todo) é necessariamente fluido. Ele é permanentemente reconstruído por leituras que buscam interagir o presente-passado com o presente-futuro. Evidentemente, essa também é a realidade para a delimitação do âmbito de proteção dos direitos fundamentais, entre os quais localizamos o lazer. É igualmente verdadeiro para a elaboração de leis e políticas públicas voltadas para sua concretização, bem como para pessoas que, no campo da autonomia privada, cotidianamente redescobrem novas formas de usufruir desse direito, adensando-lhe conteúdo (DUARTE, 2015, p. 27).

Tais mudanças se refletem de forma significativa no lazer e no entretenimento, pelo seu papel na vida social, nas coletividades e nos variados contextos urbanos desta etapa do eterno processo civilizatório do gênero humano. Lunardi aponta alguns fatores que devem ser avaliados nas proposições de legislação pertinente ao lazer:

> Diante dos avanços tecnológicos, da evolução dos meios de produção e consumo, a sociedade moderna vivencia um momento de questionamento sobre o papel do trabalho e do lazer em nossa vida. Ao mesmo tempo em que estamos imersos em uma sociedade que tem como base o trabalho, vivemos a valorização da dignidade do ser humano, a valorização da saúde, do bem-estar, da prática de esportes, do convívio familiar, das inúmeras possibilidades de expressão artística, o que podemos definir como as atividades que uma pessoa pode realizar em seu período de lazer (LUNARDI, 2015, p. 93).

O uso do tempo social, construído coletivamente, mas usufruído de forma individual – cada um tem o seu tempo, conforme a psicossociologia do lazer –, tem consequências que podem ser benéficas, como sugere Lunardi (2015, p. 94).

> A ocupação do tempo livre com determinadas atividades gera uma força construtiva fundamental para o desenvolvimento da pessoa e da sociedade. O tempo livre adequadamente utilizado corresponde a estudos, esportes, convívio social e familiar, cultura, entretenimento, entre outros benefícios.

O mesmo autor complementa:

> A garantia do lazer não se resume apenas a garantir quantidade de tempo livre. Muito melhor é a interpretação que assegure a qualidade desse tempo livre. Por isso, o direito ao lazer relaciona-se diretamente com o desenvolvimento humano, dessa forma é possível encontrar seus reflexos em uma série de dispositivos jurídicos. O direito do lazer, em verdade, pode ser entendido como uma grande esfera do direito que se subdivide em diversas áreas, as quais compreendem todas as atividades humanas não relacionadas diretamente com o trabalho ou com atividades conexas. Ao pensar em tempo livre, é possível dizer que somente garantindo sua existência se torna possível a efetivação de outros direitos (LUNARDI, 2015, p. 102-103).

Como visto anteriormente, Feigelson apresenta a ideia de que o direito ao entretenimento está entre os direitos fundamentais e questiona "em qual dimensão este deve ser compreendido" (2014, p. 23-24). Segundo este autor, a partir das ideias da Europa Iluminista, o conceito de direitos fundamentais assume várias dimensões:

> A primeira dimensão ou geração dos direitos fundamentais nos remete às declarações de direitos do final do século XVIII, especialmente à Declaração de Direitos do Povo da Virgínia, de 1776, e à Declaração Francesa, de 1789. Certo é observar que a primeira dimensão, como a própria nomenclatura informa, foi a primeira concepção e concretização de direitos fundamentais. A primeira dimensão se pautou nos direitos individuais, ou seja, direitos de proteção do indivíduo frente ao Estado (2014, p. 24).

Ainda segundo o mesmo autor, "a revolução industrial, sem sombra de dúvida, foi o marco histórico do nascimento da preocupação social" (p. 25), e desse enfoque, visando as questões sociais, criou-se a segunda dimensão dos direitos fundamentais:

> Essa segunda dimensão de direitos veio como forma de proteção da pessoa humana da forma mais positiva. Assim, os direitos de prestação, como são conhecidos esses direitos presentes na segunda dimensão, caracterizam-se pela atuação do Estado como

protetor das questões sociais intrínsecas à sociedade. Observa-se, portanto, que a inclusão de novos direitos no rol de Direitos Fundamentais demonstra a maior complexidade da sociedade, e a maior preocupação desta com o bem-estar do ser humano, e sua plena dignidade (FEIGELSON, 2014, p. 25).

Na contínua evolução do pensamento jurídico, surgiu uma terceira dimensão dos direitos fundamentais, explicada pelo mesmo Feigelson (2014, p. 26):

> Destaca-se a existência de uma terceira dimensão de direitos fundamentais caracterizados por serem difusos ou coletivos *lato sensu*. Sob a perspectiva do Código de Defesa do Consumidor, estes direitos podem ser classificados à luz de três nomenclaturas específicas, quais sejam: (i) direitos difusos, podendo ser concebidos como aqueles transindividuais, de natureza indivisível, e cujos titulares sejam pessoas indeterminadas ligadas por circunstâncias de fato, não existindo um vínculo comum de natureza jurídica; (ii) direitos coletivos *stricto sensu*, que se definem como sendo direitos transindividuais, de natureza indivisível, de que seja titular grupo, categoria ou classe de pessoas ligadas entre si, ou com a parte contrária, por uma relação jurídica base; e (iii) direitos individuais homogêneos, certamente com maior complexidade, e não gerando unanimidade pela doutrina em geral, podendo ser caracterizados como aqueles de origem comum, ou seja, os direitos nascidos em consequência da própria lesão ou ameaça de lesão, em que a relação jurídica entre as partes é *post factum* (fato lesivo). Não é necessário, contudo, que o fato se dê em um só lugar ou momento histórico, mas que dele decorra a homogeneidade entre os direitos dos diversos titulares de pretensões individuais.

Conclui o referido autor (2014, p. 28):

> Frente a todo o exposto, pode-se dizer que o direito ao entretenimento é um direito de segunda dimensão, espécie do gênero direitos sociais. Esta constatação se soma às demais anteriormente expostas, justificando mais uma vez a necessidade da elaboração de estudos mais aprofundados sobre o tema, com fins de conceituar o citado direito e compreender as formas de concretizá-lo.

Considera ainda que "o direito ao entretenimento corresponde ao direito ao lazer, com base axiológica no art. 6º da Carta Magna" (2014, p. 33), e que "o direito do entretenimento está compreendido em uma parcela do mínimo existencial" (p. 35).

Estabelece Feigelson uma distinção fundamental, que deve ser incorporada no comportamento social em nosso país, no qual foi pensada essa diferenciação: "o direito do lazer e do entretenimento" e o "direito ao lazer e ao entretenimento", este último uma originalidade brasileira, de acordo com o autor. Essa dupla abordagem foi o fundamento para a apresentação do exemplo prático utilizado para ilustrar o início do presente texto.

> Interessante notar, no entanto, que, em que pese os escassos trabalhos doutrinários pátrios, é factível se observar que o direito do entretenimento brasileiro apresenta em determinado aspecto o mesmo conteúdo do direito alienígena, ou seja, comporta em seu rol os aspectos jurídicos decorrentes da indústria do entretenimento, especialmente as relações privadas existentes e as regulatórias. Todavia, não se satisfaz apenas com esta faceta, e amplia o escopo de sua atuação, dando importante ênfase ao "direito ao entretenimento", que implica essencialmente no estudo da relação existente entre Estado e cidadão, tema amplamente relacionado com o direito público. Conforme já abordado em momento anterior deste estudo, compreendemos que lazer e entretenimento são termos sinônimos, e, além disso, tanto a expressão "direito do entretenimento", como "direito ao entretenimento", devem ser acolhidas pela doutrina pátria, sendo certo que esta última expressão sem dúvidas é uma inovação brasileira, e, sob a perspectiva do direito alienígena, em especial o anglo-saxônico, trata-se de uma ampliação do escopo tradicional (FEIGELSON, 2014, p. 41).

Finalmente, enuncia o referido autor um conceito sobre o assunto (2014, p. 43):

> ...podemos conceituar o direito do entretenimento como sendo o complexo de técnicas, regras e instrumentos jurídicos sistematizados e informados por princípios correlatos com o fim de regular a exploração da indústria do entretenimento, harmonizando a dimensão econômica e o direito ao entretenimento dos indivíduos.

Esse conjunto de critérios, fundamentos, instrumentos e documentos, para o lazer e o entretenimento, ainda está em fase de construção no Brasil, como observado anteriormente.

3.2. Legislação geral

O lazer e o entretenimento são enquadrados nesse sistema complexo de duas formas: pela legislação de ordem geral, que regula o conjunto da vida social, a começar pela Carta Magna, e incluindo os Códigos (Civil, Penal, do Processo Civil, etc.) e as leis de qualidade abrangente (como o Estatuto da Cidade, etc.); e a legislação de ordem específica, que orienta diretamente os procedimentos em ações e situações nas diferentes modalidades de ofertas nessa área social, como, por exemplo, as leis de incentivo à cultura e ao esporte.

Evidentemente, o primeiro grupo é bem mais volumoso. A base de tudo, a Constituição Federal, além de incluir o lazer em vários artigos, como visto, enuncia um dos preceitos fundamentais no Art. 5º, com menção direta a um dos aspectos do entretenimento em um dos seus incisos, conforme pode ser verificado a seguir:

> Art. 5º Todos são iguais perante a lei, sem distinção de qualquer natureza, garantindo-se aos brasileiros e aos estrangeiros residentes no País a inviolabilidade do direito à vida, à liberdade, à igualdade, à segurança e à propriedade, nos termos seguintes:
>
> I – homens e mulheres são iguais em direitos e obrigações, nos termos desta Constituição;
>
> XXVIII – são assegurados, nos termos da lei:
>
> a) a proteção às participações individuais em obras coletivas e à reprodução da imagem e voz humanas, inclusive nas atividades desportivas;
>
> b) o direito de fiscalização do aproveitamento econômico das obras que criarem ou de que participarem aos criadores, aos intérpretes e às respectivas representações sindicais e associativas.

58 Gestão do Lazer e do Entretenimento

O primeiro inciso estabelece uma igualdade coletiva pertinente a todos os indivíduos e a todos os aspectos da vida social, inclusive no lazer e no entretenimento. Todos temos direito ao lazer, e todos devemos respeitar integralmente os direitos alheios. Assim, pode-se fazer uma festa em casa, mas isso não deve incomodar os vizinhos. Entender esses limites é um dos pontos cruciais na construção de uma sociedade realmente civilizada.

E no inciso XXVIII temos a base constitucional para uma das questões mais relevantes no direito do lazer e do entretenimento, a dos direitos autorais, objeto de legislação própria.

A seguir, pode-se apontar o Código Civil, Lei nº 10.406, de 10 de janeiro de 2002, que é extenso e detalhado, com 2.046 artigos. Exige leitura atenta para verificar o que é atinente ao lazer e ao entretenimento. Daí uma sugestão prática a ser observada permanentemente: na gestão do lazer e do entretenimento, deve ser sempre incluída, no quadro de funcionários da organização, ou nos seus contratos de serviços terceirizados, a participação de um setor jurídico, ou de um advogado, ou de um escritório de advocacia, para aconselhamento, consultoria e resposta a processos ou questionamentos legais. **A gestão do lazer e do entretenimento não pode prescindir jamais da participação efetiva de profissionais da área do direito.** O Código Civil brasileiro, e o seu correspondente Código do Processo Civil, Lei nº 13.105, de 16 de março de 2015, por seu alcance, abrangência, volume, detalhamento e importância, comprovam e confirmam sobejamente essa observação.

Inclusive, o Código Civil (além da Constituição Federal, evidentemente) foi uma das bases legais para o Marco Civil da Internet, Lei nº 12.965, de 23 de abril de 2014, que estabeleceu princípios, garantias, direitos e deveres para uso da internet no Brasil. Seus fundamentos são a liberdade de expressão e o direito à informação, contrapondo-se ao direito à privacidade. Com a disseminação crescente dos sistemas, equipamentos e artefatos digitais, utilizados cada vez mais, em perspectiva quase infinita, no lazer e no entretenimento, essa lei é um dos instrumentos mais importantes para o gestor e para a boa gestão nesse setor da vida social.

Em muitas situações, os gestores do lazer e do entretenimento, inadvertidamente, incorrem na prática de irregularidades que acabam gerando processos orientados pelo Código Penal. O Código Penal brasileiro é antigo, foi instituído pelo Decreto-Lei nº 2.848, de 07 de dezembro de 1940, e modificado pela Lei nº 7.209, de 11 de julho de 1984, pela Lei nº 9.777, de 29 de dezembro de 1998, e pela Lei nº 12.015, de 07 de agosto de 2009, esta última tratando dos crimes contra a dignidade sexual e contra vulneráveis, e protegendo a liberdade sexual. Apenas como exemplo, o gestor de um equipamento esportivo pode ser processado caso um dos seus funcionários se comporte de modo abusivo com os frequentadores; casos de pedofilia em vestiários podem acarretar consideráveis danos para a organização que mantém a instalação e para os seus administradores, e assim por diante. Mais uma vez, a orientação jurídica é absolutamente necessária para a boa gestão.

De grande importância é o Código do Consumidor, instituído pela Lei nº 8.078, de 11 de setembro de 1990, que dispõe sobre a proteção do consumidor. Observe-se que esse texto legal é um dos mais conhecidos pelos cidadãos, pois é bem divulgado desde a sua promulgação e protege as relações dos consumidores com as organizações de toda ordem que lhes oferecem produtos, bens e serviços. A oferta de lazer e entretenimento deve ser sempre bem orientada a partir das diretrizes do Código do Consumidor.

A mesma observação pode ser repetida no caso do Estatuto da Criança e do Adolescente, principalmente nos equipamentos de lazer, esporte, entretenimento e cultura. Há uma grande oferta de atividades para crianças e adolescentes, e os gestores devem ser muito cuidadosos na observância da Lei nº 8.069, de 13 de julho de 1990, que instituiu o referido Estatuto, quando organizam e programam a sua oferta de serviços para esse público.

No caso dos direitos de autor, é importante observar que, além da lei específica, uma lei geral é aplicada em muitas situações: a Lei nº 9.279, de 14 de maio de 1996, regulou os direitos e obrigações relativos à propriedade industrial e tem vários aspectos relacionados com produtos para o lazer e o entretenimento.

Finalmente, um imenso conjunto de leis, decretos e normas deve ser consultado permanentemente pelo gestor do lazer e do entretenimento, pois estes afetam diretamente os procedimentos administrativos e operacionais, com uma complexa legislação tributária, federal, estadual e municipal: Imposto de Renda (para Pessoas Físicas e Jurídicas – IRPJ e IRPF), a CSSL (Contribuição Social sobre Lucro Líquido), o PIS (Programa de Integração Social), a Cofins (Contribuição para o Financiamento da Seguridade Social), as contribuições previdenciárias para o INSS (Instituto Nacional do Seguro Social), o FGTS (Fundo de Garantia por Tempo de Serviço) o ICMS (Imposto sobre a Circulação de Mercadorias e Serviços, estadual), o ISS (Imposto sobre Serviços, municipal), o IPTU (Imposto Predial e Territorial Urbano, municipal), as regras tributárias diferenciadas para pequenas e microempresas, as contribuições variadas, como, por exemplo, a contribuição compulsória para o Sistema "S" (Sesc, Sesi, Senai, Senac, Senar, Sest, Senat e Sebrae) e outras taxas e impostos instituídos pelos entes federativos. Ressalte-se ainda que o ICMS apresenta variações em alíquotas e critérios diferentes entre os estados, o que torna o quadro tributário brasileiro ainda mais complicado.

Finalmente, o Código Florestal brasileiro, Lei nº 12.651, de 25 de maio de 2012, não pode deixar de ser consultado no caso de implantações de equipamentos para o lazer e o entretenimento, pois define regras, normas e parâmetros para o uso do território, concernentes à conservação e preservação ambientais e dos recursos naturais.

O que todos já sabem e conhecem, a contratação de pessoal e a administração de recursos humanos seguem as normas da CLT (Consolidação das Leis do Trabalho), aprovada pelo Decreto-Lei nº 5.452, de 1º de maio de 1943.

3.3. Legislação específica

Além desse quadro da legislação geral, para o lazer e o entretenimento já existem alguns instrumentos legais específicos, como segue.

A Lei nº 9.610, de 19 de fevereiro de 1998, altera, atualiza e consolida a legislação sobre direitos autorais, alterada parcialmente pela Lei nº 12.853, de 14 de agosto de 2013, que dispõe sobre a gestão coletiva de direitos autorais. Esses documentos legais orientam os procedimentos de pagamentos, transferências e comunicação de valores relativos aos direitos de autor e direitos conexos (transmissão, retransmissão, apresentações), na produção intelectual, nas artes plásticas, na fotografia, nos fonogramas e no audiovisual. No caso da música, os direitos de autor – os compositores, os versionistas e os editores – e os direitos conexos – os intérpretes, os músicos, os produtores – são pagos em percentuais variáveis, conforme as normas, sobre as receitas de venda de produtos, de ingressos e de cachês das apresentações. Este é um campo do Direito no qual atuam hoje muitos profissionais especializados no assunto, devido às dimensões e características econômicas do mercado, às

Fundamentos do Direito Aplicados ao Lazer e ao Entretenimento 61

receitas financeiras produzidas e à necessidade de adotar sistemas e mecanismos de controle e acompanhamento.

Relacionadas com a questão tributária, foram criadas no Brasil as leis de incentivo. Primeiramente para a Cultura, com a conhecida Lei Rouanet, Lei nº 8.313, de 23 de dezembro de 1991, que instituiu o Pronac (Programa Nacional de Apoio à Cultura), que conta com os seguintes mecanismos de apoio: Fundos de Investimento Cultural e Artístico (Ficart), Fundo Nacional da Cultura (FNC) e Incentivo Fiscal. O primeiro deles (Ficart) ainda não foi implantado, e o Pronac é operacionalizado pelos dois outros instrumentos (FNC e Incentivo Fiscal). A Lei Rouanet foi complementada pela Lei nº 8.685, de 20 de julho de 1993, que criou mecanismos de fomento à atividade audiovisual (a conhecida Lei do Audiovisual). A base para o incentivo fiscal é o Imposto de Renda, pelo mecanismo tributário da renúncia fiscal. Estados e municípios elaboraram suas respectivas leis de incentivo, com base nos impostos estaduais e municipais. Essas leis hoje formam mais um campo do conhecimento jurídico e têm repercussão direta no trabalho dos gestores do lazer e do entretenimento.

Incorpora-se a esse quadro a Lei nº 11.438, de 29 de dezembro de 2006, que dispõe sobre incentivos e benefícios para fomentar as atividades de caráter desportivo (Lei de Incentivo ao Esporte), mais um instrumento de ação para o gestor.

Finalmente, de influência direta na organização das atividades de lazer e entretenimento, a Lei nº 6.533, de 24 de maio de 1978, dispõe sobre a regulamentação de Artistas e de Técnicos em Espetáculos de Diversões, e é regulamentada pelo Decreto nº 82.385, de 05 de outubro de 1978.

A Lei nº 6.533 estabelece que os profissionais descritos devem ter registro prévio no Ministério do Trabalho, nas Delegacias Regionais do Trabalho, e devem ter formação qualificada concernente às suas funções.

O Art. 2º da referida lei caracteriza esses profissionais:

> Art. 2º – Para os efeitos desta lei, é considerado:
>
> I – Artista, o profissional que cria, interpreta ou executa obra de caráter cultural de qualquer natureza, para efeito de exibição ou divulgação pública, através de meios de comunicação de massa ou em locais onde se realizam espetáculos de diversão pública;

II – Técnico em Espetáculos de Diversões, o profissional que, mesmo em caráter auxiliar, participa, individualmente ou em grupo, de atividade profissional ligada diretamente à elaboração, registro, apresentação ou conservação de programas, espetáculos e produções.

Já o Decreto nº 82.385, entre muitas outras diretrizes, estabelece parâmetros para o contrato de trabalho:

Art. 25. O contrato de trabalho conterá obrigatoriamente:

I – qualificação das partes contratantes;

II – prazo de vigência;

III – natureza da função profissional, com definição das obrigações respectivas;

IV – título do programa, espetáculo ou produção, ainda que provisório, com indicação do personagem nos casos de contrato por tempo determinado;

V – locais onde atuará o contratado, inclusive os opcionais;

VI – jornada de trabalho, com especificações do horário e intervalo de repouso;

VII – remuneração e sua forma de pagamento;

VIII – disposição sobre eventual inclusão do nome do contratado no crédito de apresentação, cartazes, impressos e programas;

IX – dia de folga semanal;

X – ajuste sobre viagens e deslocamento;

XI – período de realização de trabalhos complementares, inclusive dublagem, quando posteriores à execução do trabalho de interpretação, objeto do contrato de trabalho;

XII – número da Carteira de Trabalho e Previdência Social.

Outro artigo do mesmo Decreto define as jornadas de trabalho:

Art. 44. A jornada normal de trabalho dos profissionais de que trata este regulamento terá, nos setores e atividades respectivas, as seguintes durações:

I – Radiodifusão, fotografia e gravação: 6 (seis) horas diárias, com limitação de 30 (trinta) semanais;

II – Cinema, inclusive publicitário, quando em estúdio: 6 (seis) horas diárias;

III – Teatro: a partir da estreia do espetáculo terá a duração das sessões, com 8 (oito) sessões semanais;

IV – Circo e variedades: 6 (seis) horas diárias, com limitação de 36 (trinta e seis) horas semanais;

V – Dublagem: 6 (seis) horas diárias, com limitação de 40 (quarenta) horas semanais.

§ 1º O trabalho prestado além das limitações diárias ou das sessões previstas neste Artigo será considerado extraordinário, aplicando-se-lhe o disposto nos <u>Artigos 59 a 61 da Consolidação das Leis do Trabalho</u>.

§ 2º A jornada normal será dividida em 2 (dois) turnos, nenhum dos quais poderá exceder de 4 (quatro) horas, respeitado o intervalo previsto na Consolidação das Leis do Trabalho.

§ 3º Nos espetáculos teatrais e circenses, desde que sua natureza ou tradição o exijam, o intervalo poderá, em benefício do rendimento artístico, ser superior a 2 (duas) horas.

Lei e decreto determinam os critérios e procedimentos para a contratação de músicos, artistas e técnicos para espetáculos, shows, vídeos, filmes, documentários, séries televisivas, programas de rádio, material sonoro e visual de propaganda e publicidade, teatro, circo e variedades, etc. E têm conexões com a legislação sobre direitos autorais. São alguns dos aspectos mais importantes e mais utilizados do direito do lazer e do entretenimento.

Uma sugestão pontual, mas sempre necessária: diante da legislação geral, que inclui diretrizes e critérios para todos os aspectos da vida social, e dentre eles os do lazer e do entretenimento, a serem pesquisados dentro desse aparato legal, e da legislação específica, cujo volume e detalhamento devem aumentar ainda muito no Brasil, um dos mecanismos mais eficazes e eficientes é o do seguro de responsabilidade civil geral, que prevê reparações para danos involuntários – físicos, pessoais, materiais ou pecuniários – causados a terceiros. Acidentes e incidentes ocorrem, mesmo com todos os cuidados preventivos, e o seguro protege a todos. Resguarda a responsabilidade das organizações e dos gestores, por seus recursos físicos, suas instalações, seus produtos e serviços e seus funcionários, considerando o público que os frequenta e usufrui de sua oferta. O mercado dos seguros no Brasil é bem desenvolvido e apresenta várias modalidades e abrangências para esse serviço específico.

3.4. Direito do lazer e do entretenimento e a cidade, *locus* de nossa civilização

Finalmente, concluindo este resumo que propõe uma etapa introdutória a respeito do direito do lazer e do entretenimento, apresentando sucintamente a legislação sobre o assunto, incompleta mas permitindo consultas prévias pelos possíveis interessados, pode-se fazer referência novamente a Feigelson, quando este adota a ideia, bem elaborada e trabalhada por muitos outros autores, urbanistas, sociólogos, geógrafos e também por estudiosos do ócio e do tempo livre, segundo a qual a cidade é o *locus* privilegiado para o usufruto e a fruição do tempo livre:

> (...) dúvidas não restam de que todas as cidades devem comportar um mínimo de espaço dedicado à satisfação das atividades

correlatas ao lazer, ainda que estes espaços, ou os equipamentos destinados à satisfação do entretenimento, sejam compartilhados por outras atividades. Certo é que se trata de tópico especial nos planejamentos urbanos. Por outro lado, ao observarmos a questão atinente ao lazer nas cidades, nota-se um fenômeno interessante, qual seja das cidades que têm, por natureza, a propensão da satisfação do entretenimento. Assim, tal vocação, que decorre de aspectos históricos, geográficos, culturais e sociais, acaba por se traduzir em uma respectiva vocação econômica para a satisfação do lazer. Tratar-se-ia do fenômeno das "cidades do entretenimento", ou seja, de determinadas cidades que podem ser concebidas como grandes polos de satisfação do lazer, gerando inclusive uma atração de indivíduos de outras localidades, que são atraídos para a satisfação do lazer nestes ambientes (FEIGELSON, 2014, p. 119-120).

Sua ponderação é complementada por Rechia:

> O direito ao lazer mantém-se a partir do diálogo, da parceria, do interesse, da luta, do pacto entre direitos e deveres, entre cidade e cidadão, visando ao "conviver" nos grandes centros urbanos. Para tanto, deve haver muita confiança entre gestão pública e cidadãos, para que possamos de fato passar da fábula à realidade. Essa passagem deve considerar as raízes das comunidades, seus sonhos e suas necessidades (RECHIA, 2015, p. 57).

Esses questionamentos são respondidos por mais um instrumento legal, o Estatuto da Cidade, Lei nº 10.257, de 10 de julho de 2001, que regulamenta os arts. 182 e 183 da Constituição Federal, e estabelece diretrizes gerais da política urbana.

Sua finalidade está explícita no Art. 1º, parágrafo único.

> Para todos os efeitos, esta Lei, denominada Estatuto da Cidade, estabelece normas de ordem pública e interesse social que regulam o uso da propriedade urbana em prol do bem coletivo, da segurança e do bem-estar dos cidadãos, bem como do equilíbrio ambiental.

As sugestões de Feigelson e Rechia são contempladas em artigo do Estatuto:

> Art. 2º A política urbana tem por objetivo ordenar o pleno desenvolvimento das funções sociais da cidade e da propriedade urbana, mediante as seguintes diretrizes gerais:
>
> I – garantia do direito às cidades sustentáveis, entendido como o direito à terra urbana, à moradia, ao saneamento ambiental, à infraestrutura urbana, ao transporte e aos serviços públicos, ao trabalho e ao lazer, para as presentes e futuras gerações.

No artigo 4º, inciso III, são relacionados os instrumentos de planejamento municipal para cumprir os objetivos propostos: a) plano diretor; b) disciplina do parcelamento, do uso e da ocupação do solo; c) zoneamento ambiental; d) plano plurianual; e) diretrizes orçamentárias e orçamento anual; f) gestão orçamentária participativa; g) planos, programas e projetos setoriais; h) planos de desenvolvimento econômico. E no inciso V são agrupados 18 tipos de institutos jurídicos e políticos para a consecução das finalidades pretendidas.

Portanto, esta é mais uma lei de consulta obrigatória: o lazer e o entretenimento são incorporados ao contexto da evolução urbana, da expansão e do adensamento das cidades, do seu desenvolvimento social, cultural e econômico. O direito ao lazer e ao entretenimento tornou-se parte importante de uma questão primordial para a qualidade de vida e o bem-estar de nossa sociedade: o Direito à Cidade (lembrando a feliz expressão do sociólogo, geógrafo e filósofo francês Henri Lefebvre, "Le Droit à la Ville", publicado em 1968).

Mas o gestor não deve se esquecer de outros instrumentos legais, quando vai decidir sobre a implantação de equipamentos ou instalações no meio urbano: primeiramente, o Código de Obras do Município, ou Código de Obras e Edificações, ou Código de Obras e Urbanismo, nas várias denominações ligeiramente diferenciadas que são adotadas nos municípios brasileiros. O Código determina critérios e parâmetros bem definidos para os projetos e as construções, enquadrando suas capacidades de atendimento e de acolhimento de público, determinando medidas e componentes técnicos das edificações, e estabelecendo etapas e prazos.

Fundamentos do Direito Aplicados ao Lazer e ao Entretenimento 67

O Código de Obras não pode prescindir de outro documento legal, a Lei de Zoneamento, ou Lei de Zoneamento e Uso do Solo, que regula e orienta as formas de utilização do território urbano. Os dois instrumentos jurídicos municipais devem ser consultados conjuntamente, pelo gestor ou pela organização que mantém equipamentos para o lazer e o entretenimento, quando da decisão sobre os projetos e construções de novos espaços e novas instalações, ou sobre reformas e ampliações.

O **direito ao lazer e ao entretenimento**, componente do sistema de direitos fundamentais, pode contribuir significativamente para o desenvolvimento social e cultural da civilização urbana brasileira, pois já conta com um bom "complexo de técnicas, regras e instrumentos jurídicos sistematizados", que compõe o **direito do lazer e do entretenimento**, conforme o conceito de Feigelson, apresentado no presente texto de modo sintetizado, mas que está totalmente disponível para consulta e estudo. Esse conjunto de instrumentos legais já assegura o acesso dos cidadãos ao primeiro dos direitos indicados anteriormente, e já pode ser considerado uma sólida e importante referência para este novo campo da gestão do lazer e do entretenimento. Sugere-se aos profissionais desta última área de atuação que consultem a legislação, recorram sempre à assessoria, à consultoria e ao aconselhamento dos advogados, e colaborem com informações e questionamentos para o aperfeiçoamento desse sistema legal, considerando as transformações sociais, políticas, econômicas e culturais que deverão ocorrer nas próximas décadas.

3.5. Referências bibliográficas

BRASIL. Constituição da República Federativa do Brasil de 1988. Disponível em: <http://www.planalto.gov.br/ccivil_03/Constituicao/Constituicao.htm>. Acesso em: 27 jun. 2016.

BRASIL. Decreto nº 82.385, de 05 de outubro de 1978. Regulamenta a Lei nº 6.533, de 24 de maio de 1978, que dispõe sobre as profissões de Artista e de Técnico em Espetáculos de Diversões, e dá outras providências. Disponível em: <http://www.planalto.gov.br/ccivil_03/decreto/1970-1979/D82385.htm>. Acesso em: 27 jun. 2016.

BRASIL. Decreto-Lei nº 3.689, de 03 de outubro de 1941.Código Penal. Disponível em: <http://www.planalto.gov.br/ccivil_03/decreto-lei/Del3689. htm>. Acesso em: 27 jun. 2016.

BRASIL. Decreto-Lei nº 5.452, de 1º de maio de 1943. Aprova a Consolidação das Leis do Trabalho. Disponível em: <http://www.planalto.gov.br/ ccivil_03/decreto-lei/Del5452.htm>. Acesso em: 27 jun. 2016.

BRASIL. Lei nº 10.257, de 10 de julho de 2001. Regulamenta os arts. 182 e 183 da Constituição Federal, estabelece diretrizes gerais da política urbana e dá outras providências. Disponível em: <http://www.planalto.gov.br/ccivil_03/leis/LEIS_2001/L10257.htm>. Acesso em: 27 jun. 2016.

BRASIL. Lei nº 10.406, de 10 de janeiro de 2002. Institui o Código Civil. Disponível em: <http://www.planalto.gov.br/ccivil_03/leis/2002/L10406. htm>. Acesso em: 27 jun. 2016.

BRASIL. Lei nº 11.438, de 29 de dezembro de 2006. Dispõe sobre incentivos e benefícios para fomentar as atividades de caráter desportivo e dá outras providências. Disponível em: <http://www.planalto.gov.br/ccivil_03/_ato2004-2006/2006/lei/l11438.htm>. Acesso em: 27 jun. 2016.

BRASIL. Lei nº 12.015, de 07 de agosto de 2009. Altera o Título VI da Parte Especial do Decreto-Lei nº 2.848, de 7 de dezembro de 1940 – Código Penal, e o art. 1º da Lei nº 8.702, de 25 de julho de 1990, que dispõe sobre os crimes hediondos, nos termos do inciso XLIII do art. 5º da Constituição Federal e revoga a Lei nº 2.252, de 1º de julho de 1954, que trata da corrupção de menores. Disponível em: <http://www.planalto.gov.br/ccivil_03/_ato2007-2010/2009/lei/l12015.htm>. Acesso em: 27 jun. 2016.

BRASIL. Lei nº 12.651, de 25 de maio de 2012. Dispõe sobre a proteção da vegetação nativa; altera as Leis nᵒˢ 6.938, de 31 de agosto de 1981, 9.393, de 19 de dezembro de 1996, e 11.428, de 22 de dezembro de 2006; revoga as Leis nᵒˢ 4.771, de 15 de setembro de 1965, e 7.754, de 14 de abril de 1989, e a Medida Provisória nº 2.166-67, de 24 de agosto de 2001; e dá outras providências. Disponível em: <http://www.planalto.gov.br/ccivil_03/_ato2011-2014/2012/ lei/l12651.htm>. Acesso em: 27 jun. 2016.

BRASIL. Lei nº 12.853, de 14 de agosto de 2013. Altera os arts. 5º, 68, 97, 98, 99 e 100, acrescenta arts. 98-A, 98-B, 98-C, 99-A, 99-B, 100-A, 100-B e 109-A e revoga o art. 94 da Lei nº 9.610, de 19 de fevereiro de 1998, para dispor sobre a gestão coletiva de direitos autorais, e dá outras providências. Disponível em: <http://www.planalto.gov.br/ccivil_03/_Ato2011-2014/2013/Lei/L12853. htm>. Acesso em: 27 jun. 2016.

BRASIL. Lei nº 12.965, de 23 de abril de 2014. Estabelece princípios, garantias, direitos e deveres para o uso da Internet no Brasil. Disponível em: <http://www.planalto.gov.br/ccivil_03/_ato2011-2014/2014/lei/l12965. htm>. Acesso em: 27 jun. 2016.

BRASIL. Lei nº 13.105, de 16 de março de 2015. Código de Processo Civil. Disponível em: <http://www.planalto.gov.br/ccivil_03/_ato2015-2018/2015/lei/l13105.htm>. Acesso em: 27 jun. 2016.

BRASIL. Lei nº 6.533, de 24 de maio de 1978. Dispõe sobre a regulamentação de Artistas e de Técnicos em Espetáculos de Diversões e dá outras providências. Disponível em: <http://www.planalto.gov.br/ccivil_03/LEIS/L6533. htm>. Acesso em: 27 jun. 2016.

BRASIL. Lei nº 7.209, de 11 de julho de 1984. Altera dispositivos do Decreto--Lei nº 2.848, de 7 de dezembro de 1940, e dá outras providências. Disponível em: <http://www.planalto.gov.br/ccivil_03/LEIS/1980-1988/L7209.htm>. Acesso em: 27 jun. 2016.

BRASIL. Lei nº 8.069, de 13 de julho de 1990. Dispõe sobre o Estatuto da Criança e do Adolescente e dá outras providências. Disponível em: <http://www.planalto.gov.br/ccivil_03/LEIS/L8069.htm>. Acesso em: 27 jun. 2016.

BRASIL. Lei nº 8.078, de 11 de setembro de 1990. Dispõe sobre a proteção do consumidor dá outras providências. Disponível em: <http://www.planalto. gov.br/ccivil_03/Leis/L8078.htm>. Acesso em: 27 jun. 2016.

BRASIL. Lei nº 8.313, de 23 de dezembro de 1991. Restabelece princípios da Lei nº 7.505, de 2 de julho de 1986, institui o Programa Nacional de Apoio à Cultura (Pronac) e dá outras providências. Disponível em: <http://www. planalto.gov.br/ccivil_03/leis/L8313cons.htm>. Acesso em: 27 jun. 2016.

BRASIL. Lei nº 8.685, de 20 de julho de 1993. Cria mecanismos de fomento à atividade audiovisual e dá outras providências. Disponível em: <http:// www.planalto.gov.br/ccivil_03/LEIS/L8685.htm>. Acesso em: 27 jun. 2016.

BRASIL. Lei nº 9.279, de 14 de maio de 1996. Regula direitos e obrigações relativos à propriedade industrial. Disponível em: <http://www.planalto.gov.br/ccivil_03/LEIS/L9279.htm>. Acesso em: 27 jun. 2016.

BRASIL. Lei nº 9.610, de 19 de fevereiro de 1998. Altera, atualiza e consolida a legislação sobre direitos autorais e dá outras providências. Disponível em: <http://www.planalto.gov.br/ccivil_03/leis/L9610.htm>. Acesso em: 27 jun. 2016.

BRASIL. Lei nº 9.777, de 29 de dezembro de 1998. Altera os arts. 132, 203 e 207 do Decreto-Lei nº 2.848, de 7 de dezembro de 1940 – Código Penal. Disponível em: <http://www.planalto.gov.br/ccivil_03/LEIS/L9777.htm>. Acesso em: 27 jun. 2016.

BRASIL. Resolução CONAMA nº 1, de 08 de março de 1990. Dispõe sobre critérios de padrões de emissão de ruídos decorrentes de quaisquer atividades industriais, comerciais, sociais ou recreativas, inclusive as de propaganda política. Disponível em: <http://www.mma.gov.br/port/conama/legiabre.cfm?codlegi=98>. Acesso em: 27 jun. 2016.

BRASIL. Resolução CONAMA nº 2, de 08 de março de 1990. Institui o Programa Nacional de Educação e Controle da Poluição Sonora – "SILÊNCIO". Disponível em: <http://www.mma.gov.br/port/conama/res/res90/res0290.html>. Acesso em: 27 jun. 2016.

DUARTE, B. A. F. Recriando o Direito do Lazer. *In*: GOMES, C. L.; ISAYAMA, H. F. (orgs.). **O Direito Social ao Lazer no Brasil.** Campinas: Autores Associados, 2015, p. 23-44.

FEIGELSON, B. **Direito do Entretenimento**. Rio de Janeiro: LMJ Mundo Jurídico, 2014. 139p.

GOMES, C. L.; ISAYAMA, H. D. (orgs.) **O Direito Social ao Lazer no Brasil**. Campinas: Editores Associados, 2015. 232p.

LUNARDI, A. **Função Social do Direito ao Lazer nas Relações de Trabalho**. São Paulo: LTr, 2010. 143p.

RECHIA, S. Cidadania e o direito ao lazer nas cidades brasileiras: da fábula à realidade. *In*: GOMES, C. L.; ISAYAMA, H. F. (orgs.) **O Direito Social ao Lazer no Brasil.** Campinas: Autores Associados, 2015, p. 45-60.

4. Gestão de Pessoas no Lazer e no Entretenimento com Foco em Liderança

Rosangela Martins de Araujo Rodrigues

O conceito de gestão de pessoas consensualmente é visto como o desafio de administrar conjuntos heterogêneos em idade, gênero, personalidade, nível social e econômico, opção religiosa e política, entre inúmeras outras variáveis, conduzindo-as a partir de referenciais humanistas a objetivos predeterminados.

A tarefa é complexa e, portanto, demanda múltiplas competências do profissional que deseja atuar como gestor de pessoas. O desenvolvimento da sociedade impõe um fator extra à complexidade da tarefa: as sociedades mais desenvolvidas apresentam um nível de conhecimento tão elevado e um detalhamento tão minucioso das relações humanas que passam a exigir de seus gestores de pessoas um repertório de competências verdadeiramente amplo e profundo.

Ao gestor de pessoas é lançado o desafio de articular conhecimentos de diferentes áreas, incluindo a psicologia, sociologia, educação, administração, entre outras. Em sociedades em desenvolvimento, como a brasileira, o gestor de pessoas precisa estar preparado para acompanhar seu ritmo de elevação do conhecimento e de detalhamento das relações humanas.

Liderança se apresenta como um dos importantes processos no sistema de gestão de pessoas de um empreendimento e há tempos vem evoluindo com seus conceitos e técnicas para que impulsione a inovação nas organizações. Nesse processo estão inseridas habilidades como inspirar, incentivar, comunicar, dentre tantos outros elementos que compõem a gestão de pessoas.

Neste capítulo a liderança será abordada como um dos elementos primordiais para a gestão de pessoas no campo do lazer e do entretenimento. Se em outras áreas os fatores que motivam os profissionais devem ser destacados, neste campo eles são imprescindíveis, uma vez que a área preconiza a animação sociocultural de pessoas para o usufruto do tempo de lazer de forma criativa e crítica, que contribua para o desenvolvimento cultural e social da sociedade. A própria animação pressupõe uma ação de liderança e muitas vezes, talvez a maioria das vezes, requer tomada de decisão frente às manifestações culturais ou às oportunidades do fazer criativo.

O objetivo deste capítulo é compreender a gestão de pessoas, com foco no processo de liderança, no contexto do lazer e do entretenimento, considerando a pesquisa de conceitos teóricos e fundamentados em experiências coerentes com o contexto desse campo de atuação, desenvolvidas no decorrer de uma trajetória profissional.

Para compreendermos o efeito do processo de liderança no contexto atual é necessário conhecer algo das mudanças organizacionais que ocorrem há algum tempo, especialmente no que se refere à priorização dos elementos relacionados e interdependentes das ações das pessoas. Por exemplo, a minimização das hierarquias que criam divisões tanto internas quanto externas, decisões unilaterais com a responsabilização de apenas alguns, o distanciamento dos clientes ao processo de decisão, poder exercido apenas por alguns, entre outras situações que são superadas a cada dia e que avançam para o conceito de *learning organization*. Essa expressão, "organização de aprendizagem", surgiu nos anos 1970, usada por Chris Argyris, e foi popularizada por Peter Senge nos anos 1990. Define organizações em que "as pessoas ampliam continuamente sua capacidade de criar os resultados que desejam, nas quais a aspiração coletiva é liberada e nas quais as pessoas aprendem, permanentemente, a aprender em grupo" (VERGARA, 2009, p. 32).

O conceito apresentado faz parte de uma área que engloba muitas outras mudanças nas organizações, que é a gestão do conhecimento. Advinda de conceitos como educação corporativa, valorização do capital intelectual, entre outros, a gestão do conhecimento passou a integrar os novos direcionamentos e a fundamentar as práticas de inovação. Isso inclui as novas formas de trabalho, ênfase nos diferenciais e no fluxo de informações e ideias, visão global, busca de parcerias, novos relacionamentos entre os níveis hierárquicos e os conceitos como ética, transparência, responsabilidade social, autonomia, flexibilidade e aprendizagem organizacional. Criou-se um novo sistema de processos que tem as pessoas como principal ativo. Essas foram algumas adequações pelas quais as empresas passaram para se adaptarem aos novos ambientes de negócios, demandando, desse modo, formações de competências profissionais também diferenciadas.

Com relevância similar ao desenvolvimento de novas competências individuais está a necessidade de mapear e registrar os saberes a que se tem acesso nas organizações para que estes se tornem verdadeiramente coletivos. Esse conhecimento gerado nas organizações, como afirma Sabbag (2007, p. 237) "é dinâmico e incerto, requerendo igual dinamismo para o registro", e ainda completa que "registrar a parcela explicitável de conhecimento não é difícil, mas o mesmo não se pode afirmar com relação ao conhecimento tácito". Quantas vezes não lamentamos a saída de alguém do grupo ou organização que sabia exatamente a sequência de um processo, um planejamento ou um evento, de maneira que outra pessoa não poderia fazer de forma similar?

A necessidade de codificar as pessoas, segundo seus cargos e atribuições, foi por muito tempo praticada nas áreas de recursos humanos, principalmente nas organizações com inúmeros setores especializados e hierarquizados. Após o estabelecimento da sociedade do conhecimento, a classificação passou a considerar o nível de competências, que determina o potencial de contribuição das pessoas para o grupo ou organização, chamada de gestão por competências. A partir daí surge o importante **mapeamento de competências**, um processo que se desenvolve no contexto da gestão do conhecimento, que hoje possui inúmeras formas ser feito, com o objetivo de explicitar o conhecimento tácito. Conhecer o potencial das pessoas favorece o direcionamento cuidadoso de carreira, a descoberta de líderes para diferentes processos e levantamento de demandas para treinamentos nas organizações. Codificar, mapear e registrar competências pode ser um caminho importante para a inovação, visto que habilidades, competências, *know-how* e talento são compostos por conhecimentos tácitos, e quanto mais estratégias para mapeá-los, mais precisos serão a mobilização, o desenvolvimento e a gestão do capital intelectual (SABBAG, 2007).

Paralelamente às mudanças ocorridas nos diversos empreendimentos, coerentemente deve haver a formação profissional condizente. Ao gestor de pessoas cabe nova qualificação e as mesmas adaptações ocorridas com as organizações nos novos tempos. Existem importantes contribuições para pensarmos tal formação, como, por exemplo, de Rhinesmith (1993 *apud* VERGARA, 2009, p. 38), que propõe um ciclo de aprendizado de competência global que inclui **mentalidade global, característica pessoal e competência**. A **mentalidade global** se refere a encarar a vida como um equilíbrio de forças contraditórias que devem ser geridas, lidar com o inesperado, valorizar as equipes multiculturais, lidar de forma positiva com as mudanças, repensar limites, condutas, surpresas e encarar novos significados em cada momento. O autor associa à mentalidade as **características pessoais**, como conhecimento, conceituação, flexibilidade, sensibilidade, julgamento e reflexão, que consistem em:

> Conhecimento – precisa ser amplo e profundo, cobrindo os aspectos técnicos e do negócio e contribuindo para gerir adequadamente o processo competitivo.

> Conceituação – diz respeito ao pensamento abstrato, à capacidade conceitual necessária para lidar com a complexidade das organizações atuais. Para tanto, gestores devem ser especializados e holísticos em sua maneira de pensar, o que implica em conciliar análise e síntese.

> Flexibilidade – refere-se à adaptabilidade necessária para lidar com as mudanças rápidas do ambiente, o que permitirá ser capaz de lidar com processos, em vez de regras e procedimentos.

> Sensibilidade – é necessária para saber lidar com as diferenças individuais presentes nas equipes. Para isso, é importante não só estar integrado e emocionalmente estável, como também aberto para outros pontos de vista e predisposto a questionar suposições, valores e convicções.

> Julgamento – está associado à qualidade de lidar com a incerteza, cada vez mais presente nas decisões gerenciais.

> Reflexão – oferece a perspectiva necessária para lidar com as exigências de um aprendizado contínuo (VERGARA, 2009, p. 38).

A **competência**, segundo o mesmo autor, é derivada da transformação da mentalidade e das características pessoais, pois é desenvolvida no fluxo constante entre mentalidade, prática e tarefa. Portanto, quando a **mentalidade** é transformada em comportamento e quando alguma **caraterística pessoal** é aplicada em um contexto de gestão, por exemplo, a sensibilidade para conhecer as diferenças e a partir disso criar, desenvolver e manter equipes de trabalho, pode-se dizer que é construída uma competência. Dessa forma, Rhinesmith argumenta que **competência** se refere ao *fazer* na gestão e que **mentalidade** e **características pessoais** referem-se ao lado *ser*.

Ao relacionarmos o conceito de **competência global** de Rhinesmith à área do lazer e do entretenimento percebe-se uma coerência com as características contidas nos estudos do lazer sobre o perfil profissional e com o próprio conceito deste campo, sobretudo na forma de construir e como surgem as competências.

Nos estudos do lazer, Camargo contribui com o que chamou de "traços comuns a todos esses profissionais que lhes permitem a designação genérica de animador cultural" (1998, p. 141), referindo-se aos egressos dos cursos de educação física, de comunicações, de turismo, de educação artística, de pedagogia, de serviço social, entre outros, que, visto a variedade de objetos e formas de atuação, lidam diretamente com gente e grupos, sem intermediação. Dessa forma, devem gostar de gente e de cultura. E, além de ter o *feeling*, a intuição da ludicidade e imprimir nas programações essa característica, devem apresentar polivalência cultural, conhecer a participação do público no que se refere a gênero, idade e perfis socioeconômico e sociocultural, ter capacidade de liderar equipes multiprofissionais, elaborar e gerir projetos, conhecer especificidades de espaços e seu impacto nos diferentes públicos, ter consciência democrática para a busca de círculos cada vez mais amplos de interessados da cultura em geral e considerar o perfil que vem da história de vida de cada um. A partir das contribuições deste autor, outros tantos estudos brasileiros do lazer foram desenvolvidos, enfatizando as mesmas características.

Contudo, o autor faz crítica aos inúmeros estudos sobre o perfil do animador nas produções norte-americana e francesa, que, segundo ele, exageram ao apontar como prerrogativas a sensibilidade cultural e a capacidade de liderança, exigidas de estadistas. Mas, para efeitos deste capítulo, posicionamos a liderança em um outro contexto, que intitulamos **processo de liderança**, que mais à frente será desvelado. Adiantamos que se trata de aproximar os conceitos de lazer e entretenimento aos conceitos de liderança para que se inicie a construção de uma forma peculiar de gestão nessa área de atuação, apropriando os elementos que têm maior coerência com as relações de trabalho e da atuação profissional.

A experiência profissional nesse campo mostra que as caraterísticas relacionadas se referem tanto a quem atua diretamente com o público quanto a quem programa, planeja e faz gestão. Considerando também os novos contextos e composições de equipes e sua forma de atuação nas organizações, é possível perceber a coerência de tais competências, ou características, serem demandadas seja qual for a forma de atuação. Aliás, as produções acerca da atuação e formação profissional no lazer e no entretenimento não fazem muita distinção entre o animador e o gestor. Inclusive tratam de algumas competências de gestão para o animador sociocultural, o que pode ser um reflexo da prática profissional dessa área.

Podemos avançar um pouco mais sobre gestão de pessoas, olhando agora para as equipes de trabalho, definidas como "número de pessoas com habilidades complementares que assumem a responsabilidade mútua de se dedicar a uma finalidade comum, atingir metas de desempenho e aperfeiçoar processos de trabalhos interdependentes" (WILLIAMS, 2010). **Equipe de trabalho** é utilizada há pouco mais de 25 anos como uma das possibilidades de inovar nas organizações. São as responsáveis pelos serviços personalizados, pela qualidade e pelo resultado dos serviços (não quer dizer que garantam resultado positivo) – o que tempos atrás só eram atribuídos aos "chefes". Uma vantagem de uma equipe de trabalho é o compartilhamento e a aprendizagem mútua de habilidades, garantindo que mais pessoas saibam desenvolver determinada tarefa, o que contribui para a dinâmica e para a garantia de realização caso uma das pessoas não esteja presente por qualquer motivo. Outra vantagem interessante é que antes informações sigilosas ou de domínio de um ou de poucos agora passam a ser de um grupo, de forma mais democrática. De alguma forma isso imprime maior responsabilidade e comprometimento no ambiente de trabalho.

A adoção de **equipe de trabalho** é uma iniciativa inovadora nas organizações, portanto ela deve ser criada na medida em que se avalia como necessário que as pessoas trabalhem juntas para determinada finalidade e que as condições, especialmente os recursos, oportunizem essa prática. Existem na literatura da administração algumas tipologias de equipe ou grupo de trabalho com seus atributos, vantagens e desvantagens, quanto a autonomia, forma de participação e atuação. Uma dessas tipologias é da **equipe interfuncional**. Atualmente é uma das mais adotadas pelas empresas, e, a nosso ver, pode ser aplicada coerentemente no contexto em que falamos, pois, normalmente, são equipes formadas por colaboradores de áreas distintas de uma organização, com diferentes formações educacionais e experiências. Esta é uma grande vantagem, pois elas podem visualizar os problemas em diferentes perspectivas e, a partir disso, gerar ideias e soluções diferentes e diferenciadas, colaborando para a inovação do empreendimento.

Outra tipologia de equipe de trabalho é a **equipe de projetos**, que, liderada por um gerente de projetos, possui responsabilidades individuais e coletivas, com a vantagem de reduzir as barreiras de comunicação, uma vez que dela participam colaboradores de setores ou áreas distintas, facilitando a cooperação (WILLIAMS, 2010). Este formato pode ser usado tanto em grandes organizações quanto em pequenos empreendimentos e até consultorias de lazer e entretenimento, que a cada projeto ou evento reúne um número de profissionais especialistas, de acordo com a demanda, advindos de áreas diferentes e que formam a equipe de projeto com prazo de existência definido. Ou seja, ao final do projeto, cada profissional retorna às suas atividades diárias, mesmo em se tratando de uma empresa.

Ao se constituir uma equipe de trabalho, seja temporária ou não, o processo de formação deve se estabelecer. A *American Society for Training and Development* revela que a produtividade aumenta em 17% quando a empresa investe no treinamento de funcionários, além de diminuir a rotatividade e tornar as empresas mais lucrativas (WILLIAMS, 2010). De qualquer forma, esta é uma matéria já constatada e consolidada em todas as áreas, devendo aqui ser reforçada apenas como um elemento imprescindível na formação profissional, pois, assim, as organizações contribuem tanto para superar determinadas lacunas na formação acadêmica quanto para desenvolver as competências requeridas para atuação mais específica em determinada área.

Para completar o ciclo de desenvolvimento dos profissionais nas empresas, outra indicação de prática, já bastante utilizada como parte das avaliações de desempenho, é o *feedback.* Com o intuito de transformar esse momento em uma estratégia efetiva na avaliação de desempenho, foi criado o *feedback* 360°. Neste método, o *feedback* provém de quatro fontes (o líder direto, os liderados, os colegas e o próprio colaborador) e o seu registro compara a autoavaliação com a avaliação do líder direto. Muitas empresas contratam consultores externos para a sessão de *feedback.* A partir dessa sessão, são estabelecidas metas futuras, definidas com base no registro de autoavaliação do colaborador.

Há outra fundamentação para esse momento de avaliação de competências ou de desempenho, que é o *feedforward,* proposto por Goldsmith (2012). O *feedback* 360°, apesar de ter sido um avanço nas avaliações ascendentes (líderes e liderados se avaliando mutuamente), foi considerado pelo autor uma ferramenta limitada e estática, por ter o foco no passado, nos acontecimentos que já ocorreram, e não estabelecer conexão com o que pode acontecer futuramente. Sendo assim, uma sessão de *feedforward* tem o propósito de ser expansiva e dinâmica, na medida em que pode contribuir para a **"comunicação de qualidade** para duas ou mais pessoas, em todos os níveis, em todos os departamentos e divisões, que é o fator aglutinante das organizações" (GOLDSMITH, 2012).

Com o conceito de gestão de pessoas razoavelmente abordado, bem como as exigências ao profissional que atua nesse campo, podemos pensar um pouco mais no nosso enfoque, a liderança. Estudos e pesquisas sobre as áreas de gestão em geral são relativamente recentes no campo de lazer e entretenimento, e destacar a liderança como fundamental e coerente na gestão de pessoas nesse campo de atuação pode ser considerado um passo para avançar nessa produção e contribuir dialogicamente com essa área, que passamos a construir.

4.1. O jogo da liderança: líderes ou liderados?

A indústria da liderança alcançou crescimento significativo neste século. Existem cursos em diversas modalidades, que abordam metodologias para o desenvolvimento de competências em liderança e se aplicam às mais diferentes realidades. Além disso, muitas organizações e empresas especializaram pessoas e setores para desenvolverem soluções personalizadas em liderança. Todo o crescimento da indústria da liderança veio acompanhado de mudanças paradigmáticas. Kellerman (2012) apresenta, na obra intitulada "O fim da liderança", histórias e mudanças ocorridas nessa área, fundamentando-se em estudos e experiências no contexto norte-americano, mas que se aplicam e podem ser constatados no contexto global. Os principais encaminhamentos da autora se referem ao tratamento de três elementos que devem nortear o processo de liderança: **o contexto, os liderados e os líderes.**

Assim, o termo "liderança" será aqui tratado como um **processo** em que implicam as competências de líderes, a presença e participação igualitária de liderados e a compreensão de contextos que, considerando que toda mudança é inerente à liderança, têm tanta importância quanto desenvolver competências de líderes e liderados.

A partir dessas contribuições é possível refletir sobre alguns caminhos para empreender a liderança no campo do lazer e do entretenimento de forma coerente, especialmente contextualizada, que possa inspirar ações e estudos mais aprofundados que também contribuam para o crescimento e o surgimento de estudos e pesquisas acadêmicas, além de metodologias de liderança nesse segmento.

A indústria da liderança explodiu nos últimos quarenta anos, marcada em parte como resultado de algumas tendências, como, por exemplo, "uma mudança para líderes debilitados, seguidores mais vigorosos e contextos mais complicados" (KELLERMAN, 2010, p. 143). Se há muito que fazer para desconstruir os processos de liderança, até o momento desenvolvidos em todos os cenários, no campo do lazer e do entretenimento é um desafio iniciar tal diálogo. Pois, como aponta Kellerman (2010, p. 88):

> (...) aprender sobre liderança e aprender a liderar precisam envolver o aprendizado sobre liderados e sobre como seguir. Além disso, o desenvolvimento de inteligência contextual, o conhecimento e a compreensão do contexto passaram a ser de importância crucial. Trata-se, em suma, de uma mudança de paradigma, com implicações cruciais que devem ser exploradas.

Assim, como pensar liderança para os próximos tempos, imaginando que o empreendedorismo em empresas criativas cresce, que o lazer e o entretenimento são desenvolvidos como fim e como meio, que contribuem para a criticidade e para o viver criativo das culturas?

Além de conhecer a trajetória conceitual de liderança, torna-se também relevante registrar objetivamente os autores e atores dessa indústria, que já é alvo de estudos desde Platão e Confúcio:

- Década de 1920 – Max Weber.

- Décadas de 1930 e 1940 – Mary Parker Follet e Chester Barnard.

- Décadas de 1950 e 1960 – Philip Selznick e Peter Drucker.

- Décadas de 1970 e 1980 – James Mac Gregor Burns e Warren Bennis.

A indústria da liderança foi criada durante os anos 1970 e 1980, por empresas americanas, com a motivação de empenhar esforços para evitar as baixas taxas de lucros e o crescimento da competitividade global. Nos últimos trinta anos, as escolas e empresas americanas congregaram esforços para que essa indústria crescesse e, concomitantemente, a profissionalização na área, além de lucratividade das escolas e centros de formação em administração.

Fazem parte da indústria da liderança as escolas de administração, escolas de governo e administração pública, os grandes negócios, escolas técnicas e profissionalizantes, instituições e entidades independentes e pessoas/consultores dedicados à formação em liderança, acadêmicos, técnicos e outros atores que vivem do ensino da liderança. Esse panorama desperta um olhar de valorização, de importância central que a liderança tem na gestão de empreendimentos, seja para sustentabilidade ou lucratividade, seja social, público ou privado.

Em se tratando de escolas e programas de desenvolvimento de liderança para o contexto do lazer e do entretenimento, constata-se, obviamente, pelo já apresentado até aqui, que é praticamente inexistente. Seria adequado que os cursos de formação profissional nesse segmento abordassem a questão da liderança, inclusive em disciplinas específicas, pois frequentemente os especialistas são chamados à atuação profissional no âmbito da gestão, onde se requer, invariavelmente, liderança de grupos.

Liderança é muito mais do que um cargo – cargos estão relacionados a chefes, coordenadores e afins. A liderança é um papel desempenhado por uma pessoa que, em determinada situação, apresenta competências específicas para conduzir outras pessoas.

Entre líder e liderados há uma relação inseparável. Não há líder se não houver liderado. As duas figuras precisam caminhar juntas. No entanto, usualmente se fala de liderança com citação apenas da figura do líder. Corre-se o risco de valorizar somente um dos papéis e esquecer o outro, o que compromete o equilíbrio necessário entre quem lidera e quem é liderado. Há um descompasso nessa relação, onde as competências de liderança sempre são destacadas para que esse processo se efetive. O equilíbrio entre ambos é vital porque cada qual exerce influência e, ao mesmo tempo, é influenciado pelo outro. A maneira como o líder atua se ajusta ao modo de ser dos liderados e vice-versa. Além disso, a liderança pode ser situacional, ou seja, altera-se conforme as circunstâncias específicas de cada situação. Quem exerce liderança em um momento poderá não exercer no momento seguinte, caso as circunstâncias se modifiquem.

Acrescentamos ao **processo de liderança** o elemento "contexto". O contexto onde ocorre a liderança é tão importante quanto os elementos líderes e liderados, ao pensarmos a tríade que compõe esse processo. O contexto fornece a direção e indica caminhos para que possíveis técnicas e teorias de liderança sejam utilizadas.

A escolha e a utilização de ferramentas e dinâmicas de liderança devem ser definidas pela situação e a área na qual se aplicam. Dessa forma, o campo do lazer e do entretenimento deve ser compreendido na sua importância, valores e objetivos, para que se proceda ao posicionamento de líderes e liderados. Assim, é tido como o contexto onde ocorrerá o processo de liderança, considerando todas as influências sociais, econômicas e políticas que a área recebe.

A questão da liderança – melhor dizendo, de ser líder – é retratada em várias produções e nos últimos tempos tem tomado uma projeção significativa, especialmente relacionando a atuação do líder como *coach*. A responsabilidade da liderança ainda é focada no líder, o que mostra o desequilíbrio no processo de liderança.

Para Hunter,

> Liderar é influenciar as pessoas a, entusiasticamente, contribuir com seu coração, mente, criatividade, excelência e outros recursos rumo aos objetivos comuns. É influenciar as pessoas a se comprometerem com a missão e, principalmente, a influenciar as pessoas a serem melhores que elas podem ser (HUNTER *apud* DINIZ, 2005, p. 23).

Essa definição, apesar do foco que dá ao próprio líder, reforçando o status de responsabilidade sobre a liderança, traz o desenvolvimento de liderados como influência no processo de liderança. Promover influência pressupõe uma predisposição ou abertura do liderado, o que pode significar um equilíbrio entre as posições de líderes e liderados.

Já o posicionamento de Blanchard (*apud* DINIZ, 2005, p. 30) revela novamente uma responsabilidade unilateral no processo de liderança, quando afirma que "se você quer saber por que sua equipe não está performando bem, arrume um espelho e dê uma olhada".

Para Diniz (2005), que trouxe essas duas últimas definições no escopo de seu trabalho, a base que sustenta a liderança é o tripé missão de vida, valores e visão de futuro. Entende por **missão de vida** tudo o que devemos fazer para nos sentirmos seres completos, é a lembrança de quem somos e dos impactos que causamos no universo. **Valores e crenças** são os princípios que guiam nossas ações e vida, que podem ser priorizados entre liberdade, família, honestidade, entre outros. Já a **visão de futuro** são as imagens que criamos e que almejamos, que nos inspiram para transformar os sonhos em realidade, que direcionam e criam objetivos para a vida. Para o autor, esses três elementos fundamentam a ação de liderança, que mais uma vez é intensificada no líder.

Ao olhar na direção dos conceitos e das teorias de gestão de pessoas, especificamente da liderança, encontramos muitas referências amplas e genéricas que apontam caminhos para que líderes e empreendedores obtenham sucesso no incentivo de suas equipes para o alcance de metas e consecução dos objetivos estratégicos.

Algumas dessas definições nos levam a pensar na liderança como algo que transcende as paredes de uma organização; já outras são objetivamente diretas sobre a responsabilidade de cada profissional na consecução dos objetivos da organização. Como Williams (2010, p. 274), com a definição de que "liderar é o processo de influenciar outras pessoas para atingirem um conjunto de objetivos organizacionais".

Edgar Schein, criador do conceito "cultura organizacional", diz que "o líder do futuro será uma pessoa que pode conduzir e seguir, ser central e marginal, estar hierarquicamente acima e abaixo, ser individualista e membro da equipe e, acima de tudo, ser um eterno aprendiz" (*apud* COHEN,

2013). Este autor nos motiva a pensar que, para atender à tríade que compõe o **processo de liderança** – líder, liderados e contexto –, é necessário desenvolver-se como aprendiz, que ora lidera e ora é liderado, que desenvolve conhecimento/saberes ao longo da trajetória profissional fundamentados em experiência, teoria e emoção, que, somados, formam um todo inspirador.

4.2. Competências de liderança do profissional de lazer e entretenimento

Retomamos a questão de competência para trazer à tona as especificidades na gestão do lazer e do entretenimento. Entendemos competência como um conjunto de recursos cognitivos, emocionais e motrizes que capacita o cidadão a enfrentar e superar situações do dia a dia pessoal e profissional.

Nos estudos e nas experiências no campo do lazer e do entretenimento a temática "competências profissionais" é recorrente e perpassa por inúmeros atributos, qualidades e perfis que o profissional do lazer e do entretenimento deve desenvolver para a sua atuação na área. Isayama (2011) aprofunda os estudos sobre formação profissional e atuação profissional e relata que:

> (...) ainda se pensa que para atuar na área não é necessário ter formação específica e aprofundada sobre o tema. Por isso, é preciso um constante (re)pensar sobre os pressupostos que encaminham a formação e atuação profissionais e como ela vem sendo processada em nossa realidade (p. 167).

Reforçando a ideia de que o lazer é uma área de intervenção interdisciplinar, o autor apresenta uma pesquisa sobre teses e dissertações defendidas acerca da formação e atuação profissional no lazer e conclui que há uma extensão de interesse e vasta possibilidade de atuação dos profissionais que trabalham com lazer, haja vista que se destacaram pesquisadores de oito áreas do conhecimento: administração, educação física, turismo, pedagogia, psicologia, terapia ocupacional, ciências econômicas e desenho industrial. Embora esse mesmo estudo tenha revelado uma preocupação com os saberes e competências necessários à atuação no campo do lazer, a questão de competências no âmbito da gestão não foi mencionada ou destacada.

84 Gestão do Lazer e do Entretenimento

Talvez pesquisas e reflexões acerca de gestão de pessoas, liderança e demais temas da gestão aplicados ao lazer e entretenimento sejam um futuro a ser construído. A nosso ver, pesquisas e estudos ainda seguem na direção de diluir a ênfase que se dá ao trabalho tecnicista ou "tarefeiro" do profissional de lazer, tomado por uma visão funcionalista de lazer. Podemos avançar mais sobre as competências gestoras, que podem contribuir mais com a formação da **estrutura de animação** definida por Marcellino (2003, p. 14), no que se refere aos "animadores socioculturais dirigentes, de competência geral mais apurada", nos âmbitos público, privado e do terceiro setor.

Milioni define competência como "conjunto de conhecimentos, habilidades e atitudes que, quando integrados e utilizados estrategicamente pela pessoa, permite atingir com sucesso os resultados que dela são esperados na organização" (2003, p. 52). O autor refere-se ao contexto das organizações, mas sua definição pode ser utilizada para o contexto mais amplo do trabalho, aplicando-se a profissionais atuantes em qualquer setor da economia e área do conhecimento.

O conjunto de conhecimentos, habilidades e atitudes forma o CHA (C de conhecimentos, H de habilidades e A de atitudes): "conhecimentos" entendidos como corpo de saberes teóricos e conceituais fundamentais ao desempenho profissional; "habilidades" compreendidas como saberes práticos, habilidades motoras ou sociais, necessárias para o desempenho profissional; e "atitudes" vistas como conjunto de referenciais de conduta, valores humanos e princípios éticos, essenciais ao desempenho profissional. Outras siglas, definições e conceitos foram somados ao que se compreende por competências. Mas para definirmos os conhecimentos, as habilidades e as atitudes do profissional de lazer e entretenimento, precisamos começar apontando caminhos, isto é, possíveis direções para tais profissionais se guiarem em seus processos de desenvolvimento. Assim, inicialmente podemos refletir sobre a composição ou desenvolvimento de cada componente do CHA, para aos poucos ampliarmos o diálogo sem nos limitar a este ou outro modelo.

O caminho para o desenvolvimento de seus **conhecimentos** nesse campo é, principalmente, entender de pessoas. Todo conhecimento sobre pessoas é bem-vindo e merece atenção: compreender as diferentes personalidades, a forma como ocorre o desenvolvimento humano nos domínios cognitivo, motor e emocional, entender o que motiva as pessoas e as diferentes maneiras de ensinar e aprender, dominar temas da sociologia e comunicação, entre outras áreas da dimensão humana. Conhecer o contexto do lazer e do entretenimento, registrado nas mais diferentes fontes, as manifestações culturais e atualidades, diversas expressões e etnias e como as pessoas se relacionam com o tempo livre em todas as fases da vida. Este último é um contexto diversificado e complexo, que requer atualizações, pois a sociedade como organismo vivo apresenta mudanças constantes e, hoje em dia, com velocidade evidente. Além disso, "conhecer os valores morais e éticos que perpassam o mundo do entretenimento" (TRIGO, 2003, p. 179).

O caminho para o desenvolvimento de suas **habilidades** está no aperfeiçoamento da capacidade de interagir com pessoas. Toda habilidade para interagir com pessoas é bem-vinda: praticar atividades físicas, esportivas e artísticas que melhorem seu repertório motor, cultural e social e sua capacidade de interação com públicos variados e em contextos diversificados. Em se tratando do gestor, as habilidades vão desde o domínio de técnicas de planejamento às ferramentas de organização e gestão de custos, cronogramas e escopos.

O caminho para o desenvolvimento de suas **atitudes** é a busca por compreender as grandes questões da vida das pessoas, com destaque para os valores humanos e a ética. Toda vivência aplicada dos valores humanos, como respeito, solidariedade, cooperação, paciência, comprometimento e ética: demonstrar valores humanos e princípios éticos nas condutas do dia a dia, nas decisões tomadas, no convívio com as pessoas e na forma de ser e estar no mundo. Sobretudo comprometer-se, como um ideal, com a democratização cultural.

Segundo especialistas da economia criativa, o uso do tempo é o principal valor da qualidade de vida nos tempos da economia atual. Esse é um dos relevantes compromissos do profissional que atua no campo do lazer e do entretenimento, tendo como principais desafios prover de qualidade o uso do tempo de lazer e impulsionar a identificação desse tempo por parte dos diversos grupos sociais.

Nos últimos quarenta anos, líderes e liderados evoluíram significativamente e continuam evoluindo, sobretudo os contextos onde atuam, pois cada área que emerge no mercado apresenta novos desafios para o campo profissional. Assim, o processo de liderança aqui é tratado como o resultado do relacionamento interdependente entre líderes, liderados e contexto.

E esse processo é um organismo vivo, que a cada sociedade se modifica, e que na contemporaneidade, com as empresas criativas, compõe uma série de particularidades que exigem novos conhecimentos, habilidades, atitudes, emoções e valores, frente à cultura dos sujeitos.

Sendo assim, há a necessidade de educar pessoas e profissionais para que sejam bons e inovadores seguidores, bem como bons e inovadores líderes com desenvolvimento de capacidades, tanto de inteligência contextual como da intelectual (KELLERMAN, 2012). No campo do lazer e do entretenimento os desafios são peculiares, frente à diversidade que se apresenta, que compreende desde iniciativas públicas e sociais a empresas de megaproduções artísticas, esportivas, turísticas, entre outras atividades culturais.

Certamente, no contexto da prática, a liderança pode dar um salto de qualidade quando propomos um equilíbrio entre os elementos que compõem o processo interdependente da liderança: liderados, líderes e contexto. Talvez seja uma escolha que todas as demais áreas devam fazer, ou seja, optar por uma direção ou método que seja coerente com o produto ou serviço que se pretende empreender, manter ou lançar no mercado.

Manter toda a cadeia de valores, coerente, respirando e transpirando os mesmos valores. Se o principal ativo do campo do lazer e do entretenimento é animar pessoas para seu desenvolvimento social e cultural e a busca da satisfação pessoal, este processo deve permear as ações gestoras com os mesmos valores.

Todos os recortes apresentados sobre gestão de pessoas, competências e liderança trazem uma nova perspectiva para atuar no campo do lazer e do entretenimento, uma inspiração, que acreditamos seja um caminho coerente com esse campo de atuação no que se refere aos valores e à missão dada aos profissionais que nele atuam: o de mediar a busca da satisfação e o desenvolvimento cultural e social. Esse caminho se justifica por considerar que a animação sociocultural é repleta de valores democráticos e de conteúdos educacionais e sustentáveis.

Na história da liderança, em boa parte dos tempos, a figura do líder foi enaltecida, sendo-lhe atribuído grande significado no processo. Eis aqui uma pequena reflexão sobre esse tripé, ao mesmo tempo ressaltando cada elemento de forma interdependente para que haja a maior coerência da liderança no campo do lazer e do entretenimento.

Segundo Kellerman (2012, p. 40) "o contexto é tão importante para os padrões de dominância e deferência quanto os líderes e seguidores". Consideramos aqui os contextos social e cultural, dando foco especialmente ao cenário de lazer e entretenimento. Devemos olhar para o movimento cultural, a gama de possibilidades de demandas e de ofertas na área, as leis e orientações, para que o lazer e o entretenimento se concretizem na vida das populações.

Para exemplificar como os valores da gestão podem ser sentidos na ação final dos profissionais de lazer e entretenimento, tomemos a comunicação, que é um dos principais elementos de um processo de liderança. Retomemos o lazer e o entretenimento como áreas que devem favorecer o desenvolvimento de valores no dia a dia das pessoas. Se a organização ou equipe trabalha com foco na boa comunicação, certamente poderá fazer esse valor reverberar nas atividades e nos serviços promovidos. A comunicação é o elemento mais importante no processo de liderança.

Programação Neurolinguística (PNL) é uma ferramenta bastante utilizada nas organizações e esclarece como ocorre a comunicação e percepção no relacionamento entre ambiente externo e interno. Ou seja, que as pessoas igualmente recebem as informações do mundo externo pelos cinco órgãos dos sentidos e constroem a sua interpretação, uma representação interna, com base na sua história de vida, em suas estruturas biológica, histórica, psíquica e experiencial, que chamamos de filtros. Não somente o líder, mas se as pessoas conhecerem essa estrutura no processo de comunicação, poderão utilizar estratégias mais adequadas para se comunicar com efetividade e com menor risco de deturpações. A Figura 1 exemplifica esse fluxo da comunicação, onde a percepção da realidade externa é tomada pelos cinco sentidos (visão, audição, cinestesia, olfação e gustação). Cada pessoa tende a perceber o mundo com mais ênfase em um sentido do que em outros. Como dito, valores, crenças e memórias codificam a informação captada e provocam a construção de uma representação interna; cada um interpreta a mesma informação de um jeito. Essa interpretação é explicitada por comportamentos e verbalizações.

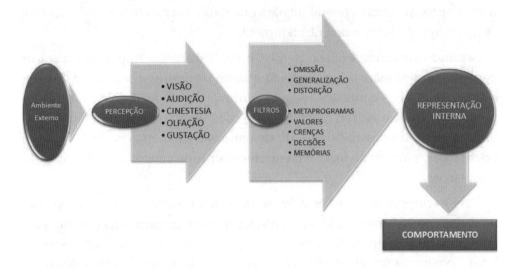

Figura 1. Modelo da programação neurolinguística. Fonte: adaptado de Diniz (2005, p. 52).

Conhecer esse processo de comunicação é muito significativo quando temos que escolher a forma e o caminho para nos comunicarmos, especialmente na posição de líder. Conhecer como cada pessoa capta e percebe o seu entorno é uma condição fundamental para a comunicação.

Retomando a ideia inicial de trabalharmos equilibradamente sob a tríade líder, liderados e contexto, sugerimos que se pense na comunicação como principal elemento no processo de liderança. Ao acreditar que o lazer e o entretenimento podem ser um território de aprendizagens, tanto no momento em que o processo de liderança ocorre no interior de uma organização ou equipe de lazer quanto durante a ação programática com o público, há a possibilidade de aprender a se comunicar, o que tanto favorece a convivência, para a concretização da cidadania em um ambiente igualitário e de diálogo.

São inúmeras as ocasiões da gestão do lazer e do entretenimento que demandam competência de liderança com foco na comunicação – por exemplo, em elaboração e gestão de projetos, nas ações programáticas, atividades e eventos, na animação sociocultural, na condução de grupos, entre outras frentes que podem ser descobertas pelo leitor inspirado por este capítulo. As estratégias de comunicação são muito interessantes para as consultorias, pequenas e médias empresas de lazer e entretenimento que frequentemente trabalham com equipes *freelancers*. E isso ocorre muitas vezes, nos eventos, nos programas de férias, nos acampamentos, em uma viagem, nas exposições artísticas e em uma infinidade de modelos e propostas de lazer e entretenimento, que ocorrem em um pequeno espaço de tempo e onde o processo de liderança deve ser efetivo; até porque contribui também para projetar a imagem do empreendimento, grupo ou organização.

Como dissemos inúmeras vezes neste capítulo, é importante conhecer e experimentar estratégias e teorias que sejam coerentes com os conceitos do campo do lazer e do entretenimento e que possam contribuir para o avanço dos estudos e da construção de modelos para a gestão na área. E, assim, ainda que aqui seja um passo inicial para essa construção, lembremos outros conceitos e práticas na área da liderança e comunicação: a prática da comunicação não violenta de Marshall Rosemberg, o automatismo concordo-discordo – produção inspirada na teoria da complexidade, liderança situacional, de apoio, participativa, estratégica, visionária, carismática, e as inspirações vindas de líderes renomados como Mahatma Gandhi, Nelson Mandela, Martin Luther King, entre outras referências. Estão aqui postas para que, criativa e criticamente, se criem propostas inovadoras de processos de liderança no lazer e no entretenimento. Lembrando que, somente no século XX foram produzidos cerca de trinta mil artigos de pesquisa, livros e revistas sobre a temática LIDERANÇA.

4.3. Tendências e propostas para liderar no lazer e no entretenimento

Seja para a sustentabilidade ou para a lucratividade, a forma com que as equipes são direcionadas e a forma como são lideradas influencia sobremaneira na qualidade dos serviços de lazer e entretenimento.

A liderança é um processo importante na gestão de pessoas, uma vez que contribui para o alcance de metas estratégicas, dos objetivos das organizações e do clima organizacional. Um processo de liderança bem definido em empreendimentos de lazer e entretenimento é de fundamental necessidade, pois impactará na qualidade do serviço prestado à sociedade, uma vez que está relacionado ao estado de felicidade, de diversão, de qualidade de vida e de desenvolvimento sociocultural.

Principalmente por este argumento é que todos os profissionais envolvidos na oferta de serviços de lazer e entretenimento devem fazer parte do processo de liderança, que inspire, que motive e que seja equilibrado.

No **processo de liderança** todos os envolvidos devem conhecer o assunto, considerando que em uma equipe de trabalho todos devem ter a oportunidade de desenvolver competências de liderança, ou seja, fazer parte de uma aprendizagem coletiva.

Poderíamos julgar insuficientes estas páginas dedicadas à questão da liderança como foco da gestão de pessoas no campo do lazer e do entretenimento, principalmente se buscássemos metodologias referenciais para o desenvolvimento de competências desse campo. Porém, isso foge completamente dos objetivos deste capítulo. Apenas abre-se aqui um diálogo para pensar a liderança aplicada, além de constituir-se a deflagração de um novo e amplo campo de investigação e de atuação. Aqui já foram relatadas as lacunas existentes nos estudos e nas pesquisas sobre as competências para o gestor do lazer e do entretenimento, no sentido de categorizar e compreender as competências requeridas na sua atuação profissional, especialmente, neste caso, a liderança.

Para que efetivamente as inspirações sejam transformadas de forma proativa no desenvolvimento de um processo de liderança no campo do lazer e do entretenimento, é necessário dar o primeiro passo. Dessa forma, sugere-se identificar e mapear as diversas frentes de liderança, consideradas na sua composição interdependente entre líderes, liderados e contexto, em todas as frentes de atuação do profissional de lazer e entretenimento.

Se para a liderança é necessário contextualizá-la e compreender os valores a ela atrelados, no campo do lazer e do entretenimento tal discussão se inicia pelos temas e seus conceitos construídos sob a ótica de várias áreas, para "compreender os valores do mundo ocidental, em consonâncias com princípios hegemônicos em cada contexto histórico" (WERNECK, 2000, p. 136).

Compreender minimamente o cenário atual de liderança é prerrogativa para compreender o encaminhamento que é dado aqui para se pensar, ou melhor, inspirar uma metodologia de liderança que componha os cursos para formação de profissionais no campo do lazer e do entretenimento. Como ainda não há consenso sobre o que deve consistir um programa de ensino da liderança em âmbito global, é uma oportunidade indicar caminhos possíveis e coerentes com essa área de atuação.

Podemos indicar, por fim, que o processo de liderança implica em:

- Criar clima de diálogo.

- Compartilhamento de ideias e informações.

- Aproximar do cenário externo que se quer o cenário interno, que deve ser o espelho.

- Tratar as diferenças como tendência e como campo fértil para disseminar valores.

- Aprendizagem coletiva.

- Clima de felicidade no trabalho (*flow*).

- Encontrar o lugar das emoções na organização, sem se sobrepor às preocupações financeiras e operacionais – equilíbrio.

Talvez sejam indicadores para toda e qualquer organização, e de fato esses elementos estão presentes em muitas produções sobre gestão de pessoas e liderança. No entanto, consideramos esses critérios *sine qua non* para atuação com lazer e entretenimento. O processo de liderança de uma organização nessa área deve "espelhar" o "resultado" da sua atuação. Embora exista frequentemente, no campo dos estudos sobre a atuação profissional em lazer, o questionamento sobre "o lazer do profissional do lazer" e a afirmativa de que este trabalha enquanto as pessoas se divertem, é reconhecidamente possível que esse trabalho tenha uma similaridade com as emoções que a ação programática ou as atividades devem proporcionar.

Para pensarmos a gestão de pessoas, liderança e tantos outros elementos de gestão para a área do lazer e do entretenimento não basta adotar ferramentas de gestão de outras áreas, ou mesmo da administração geral. É necessário aproximar os conceitos e analisar as possibilidades de aplicação dos conceitos, especialmente de coerência. É preciso imaginar a formação dos profissionais, egressos de cursos em áreas diferentes, que muitas vezes já trazem alguma abordagem em gestão.

Vimos que as duas iniciativas importantes na área de gestão de pessoas é o treinamento, ou formação continuada, e a prática do *feedback* e do *feed-*

forward. Em um ambiente como o de lazer e entretenimento, em que se privilegia o trabalho em equipe e em que os profissionais são ao mesmo tempo líderes e liderados, todos devem aprender criticamente sobre o contexto, ter uma visão global e atuar sobre ele.

Só foi possível chegarmos até aqui pela práxis construída coerentemente nessa área, mas que ainda recebe influências de estudos e pesquisas vigentes. Dessa forma, um registro importante a se fazer, e que serviu de norte para este capítulo, é a inspiração do professor Sidnei Batista, que, além de outras áreas, atua com desenvolvimento humano no âmbito do lazer e do entretenimento e colaborou com as primeiras reflexões para definição deste capítulo.

Consideramos este um impulso ao novo... pois não se trata de uma revisão bibliográfica. Apenas indicamos alguns autores de cada aspecto que julgamos importantes para compor a ideia de gestão de pessoas e liderança e para, a partir disso, construir um diálogo com a área de lazer e entretenimento, onde muito há o que se produzir do ponto de vista da gestão. Caminhemos um pouco mais...!

4.4. Referências bibliográficas

CAMARGO, L. O. de L. **Educação para o Lazer.** São Paulo: Moderna, 1998. 160p.

COHEN, D. O líder que serve: que tipo de liderança vai criar a empresa do futuro. **Exame,** São Paulo, p. 1-8, jan. 2010. Disponível em: <http://crd2000. com.br/files/artigo208.pdf>. Acesso em: 27 jun. 2016.

GOLDSMITH, M. Experimente o Feedforward ao invés do Feedback. *In*: GOLDSMITH, M.; GOLDSMITH, L. L. (orgs.) **Coaching:** o exercício da liderança. Rio de Janeiro: Elsevier, 2012, p. 262-266.

ISAYAMA, H. F.; SILVA, A. G. da; LACERDA, L. L. de L. Por onde caminham as pesquisas sobre formação e atuação profissional em lazer no Brasil? *In*: ISAYAMA, H. F.; SILVA, S. R. da. (orgs.) **Estudos do Lazer:** um panorama. Rio de Janeiro: Apicuri, 2011, p. 165-178.

KELLERMAN, B. **O fim da liderança:** como a liderança mudou e de que forma podemos resgatar sua importância. Rio de Janeiro: Elsevier, 2012. 228 p.

MARCELLINO, N. C. A formação e o desenvolvimento de pessoal em políticas públicas de lazer e esporte. *In*: MARCELLINO, N. C. (org.) **Formação e Desenvolvimento de Pessoal em Lazer e Esporte.** Campinas: Papirus, 2003, p. 9-17.

MILIONI, B. **Dicionário dos Termos de Recursos Humanos.** São Paulo: Central de Negócios em RH Editora e Marketing, 2003.

RHINESMITH, S. **Guia Gerencial para a Globalização.** Rio de Janeiro: Berkeley, 1993.

SABBAG, P. Y. **Espirais do conhecimento:** ativando indivíduos, grupos e organizações. São Paulo: Saraiva, 2007. 350 p.

TRIGO, L. G. G. **Entretenimento:** uma crítica aberta. 2.ed. São Paulo: Senac São Paulo, 2008. 240 p.

VERGARA, S. C. **Gestão de pessoas.** 7.ed. São Paulo: Atlas, 2009. 213 p.

WERNECK, C. **Lazer, Trabalho e Educação:** relações históricas, questões contemporâneas. Belo Horizonte: UFMG, 2000. 158 p.

WILLIAMS, C. **ADM.** São Paulo: Cengage Learning, 2010. 406 p.

5. Marketing Cultural e Esportivo: um Breve Olhar para a Gestão do Lazer e do Entretenimento

José Arthur Fernandes Barros

Karina Lima da Cunha Poli

O objetivo do capítulo é apresentar a visão de dois profissionais diferentes, um da área de cultura e outro da área de esportes, que dialogam sobre suas respectivas questões, olhando para a gestão do lazer e do entretenimento. Procuraremos apresentar algumas problemáticas inseridas na dualidade entre os conceitos de marketing cultural e esportivo e os respectivos patrocínios, como uma discussão crítica, entendendo que observá-lo somente é uma forma muito simplista de fazer a gestão dos negócios da cultura e/ou dos negócios do esporte. Procuraremos mostrar que existe uma gestão de negócios por trás dos conceitos de marketing cultural e marketing esportivo. O texto é apresentado primeiramente com uma pequena parte contextual sobre o entretenimento, o lazer e os patrocínios culturais e esportivos na contemporaneidade, e, em seguida, são apresentadas as especificidades de cada setor, envolvendo-as com os processos do lazer e do entretenimento.

5.1. Uma breve contextualização do tema

Retomaremos alguns conceitos do lazer e do entretenimento, especialmente os que mais interessam para a abordagem do marketing anunciada. O lazer, sob o efeito da institucionalização do tempo livre, se estabeleceu como uma das principais características do mundo contemporâneo. Segundo Dumazedier (1999), a urbanização e a industrialização redefiniram os universos econômicos e sociais dos trabalhadores, a elevação do nível socioeconômico, as férias remuneradas como direito e colocaram as práticas de lazer no patamar das necessidades. Com o reconhecimento da funcionalidade do lazer, trazida à luz pela sociologia, atribuiu-se à viagem um valor de uso proporcionando descanso e divertimento, e um valor de troca estabelecido pelo mercado turístico e de entretenimento. Na segunda metade do século XX o lazer foi incorporado à sociedade através de sua prática institucionalizada pelo tempo de não trabalho e pela organização de um mercado que teve como principal apoio a indústria do entretenimento (POLI; FERNANDES, 2011).

Quando pensamos o conceito de entretenimento não podemos deixar de nos remeter diretamente à produção cinematográfica e todos os outros produtos que vieram com ela. Em 1980, Hollywood – representação máxima da indústria do entretenimento – viveu uma fundamental transformação e passou a produzir seus filmes orientados pelo mercado. Trata-se de uma relação que se estabeleceu como pesquisa de mercado para identificar na audiência os conteúdos e formatos de maior interesse, identificando a demanda e produzindo comercialmente para ela. A indústria do entretenimento viveu nos anos 1980 uma onda de fusões e aquisições e foi impulsionada com a formação dos "grandes impérios do entretenimento atuais": Seagram-MCA-Universal, Time Warner-AOL, Paramount Communications, Sony-Columbia etc., a maioria com ramificações e interesses globalizados em quase todas as áreas das indústrias culturais, como publicações, produção para TV, filmes e música, e mercados complementares como turismo, produção de brinquedos, entre outros.

O lazer é uma qualidade de tempo característico de uma sociedade industrial e do cotidiano dos centros urbanos. Para Dumazedier (1999), a viagem é a prática de lazer que mais seduz a sociedade industrial, pois representa a possibilidade do afastamento temporário do ambiente cotidiano. A Sociologia do Lazer surge como um campo de saber na França e se institui como prática através de ações políticas e de desenvolvimento urbano, envolvendo em seu dimensionamento relações político-econômicas que organizam e reorganizam os espaços públicos e privados na configuração das cidades.

Nesses projetos, a dinâmica de funcionamento das cidades se organiza principalmente em torno dos espaços privados que prometem qualidade de vida e segurança, sendo que, quanto maior a diferença entre esses espaços e a realidade cotidiana da cidade, maiores serão seus valores imobiliários. Ao estado cabe o papel de promover a circulação entre as áreas consideradas polos de investimentos privados e dotá-las de infraestrutura, o que provoca uma separação entre aqueles que podem consumir esses espaços e aqueles que, excluídos nesse processo, buscam nas periferias e ocupações irregulares uma forma de habitar a cidade.

Em 1980, aliada ao novo paradigma de sustentabilidade e tendo reconhecidas as ações nocivas do turismo de massa, a questão do meio ambiente tornou-se uma condição das boas práticas da atividade turística e do lazer. Um dos elementos que compõem o atrativo turístico, o fluxo de pessoas, é o objetivo da comunicação turística. O elemento cultural é incorporado a uma narrativa que o legitima como recurso turístico e cria uma estratégia complementar para o desenvolvimento local. Em meio a essa discussão, o turismo adquiriu legitimidade ao ser colocado nos discursos da Unesco como um grande aliado e uma potente ferramenta para promover o desenvolvimento local e a gestão cultural. A proclamação da "Declaração Universal sobre a Diversidade Cultural" é uma declaração em defesa da diversidade cultural em suas mais variadas instâncias: simbólicas, sociais e econômicas, e advoga a favor da tese de que os bens e serviços culturais não são meras *commodities* (PITOMBO, 2007).

Com a mercantilização do tempo livre, o desenvolvimento da indústria do lazer e todas as características da sociedade de consumo, a cultura e o esporte assumem uma imensa importância simbólica na construção da identidade e do cotidiano de um grupo social, e também um dos principais insumos do que hoje chamamos de entretenimento. No século XX vivemos a decadência do capitalismo comercial focado na acumulação e presenciamos o surgimento do capitalismo financeiro onde os grandes mercados de capitais se sobrepuseram aos mercados produtores. Hoje, no século XXI, fazemos parte da geração que presencia o surgimento do capitalismo cognitivo, ou sociedade do conhecimento, que transformou a informação em bem valioso. Atualmente, as empresas com maiores lucros são aquelas que conseguem fazer circular melhor a informação, como o Google e o Facebook. No capitalismo cognitivo, o mais importante não é somente a produção de conteúdo, mas a circulação desse conteúdo produzido; porque é na autoprodução e na reprodução através de um número ilimitado de emissores, interconectados em ambiente de rede, que as relações sociais e econômicas são constituídas (REIS, 2014).

O modelo *broadcast* segue a configuração linear da comunicação: um emissor envia a mensagem por um canal, para produzir um efeito nos receptores. A publicidade foi utilizada como principal ferramenta para levar os atributos, benefícios e diferenciais de produtos e serviços às audiências de massa, pela veiculação de anúncios em mídias de grande alcance, como o rádio, a televisão e o cinema. A publicidade reinou como a ferramenta absoluta da comunicação por boa parte do século XX e o consumidor como o único público com o qual as empresas deveriam se preocupar. Já o modelo *socialcast* segue a configuração do engajamento de públicos em torno das marcas. As marcas se tornaram elos de identidade de uma comunidade. Reputação de marca corporativa assume uma grande importância pois, enquanto a identidade é o elemento definido internamente, a imagem e a reputação dependem da percepção que os *stakeholders* possuem da empresa (REIS, 2014).

> A reputação se diferencia da imagem por ser construída ao longo do tempo e por não ser simplesmente uma percepção em um determinado período. Diferencia-se da identidade porque é um produto tanto de públicos internos quanto externos, enquanto a identidade é construída por elementos internos (a própria empresa). Além disso, a reputação está baseada na percepção de todos os públicos (ARGENTI, 2006, p. 97, *apud* REIS, 2014, p. 56).

As grandes corporações investem pesadamente em comunicação, segundo Yanaze – hoje a empresa não pode só apresentar bons produtos, preços justos, distribuição eficiente e comunicação criativa. Precisa mostrar à sociedade suas atitudes em relação aos seus *stakeholders*, à comunidade em geral, buscando equilíbrio entre potencial e expectativas. O público-alvo de uma empresa é formado por todos aqueles que compõem seu ambiente de negócios, ou seja, clientes, distribuidores, fornecedores, colaboradores, acionistas, imprensa, governo e seus diferentes escalões, comunidade, academia, organismos internacionais etc. Boas atitudes resultam em fatos comunicáveis. Fatos comunicáveis são fatos, decisões e informações que, ao serem comunicados, são capazes de transformar a imagem e agregar valor à marca de uma corporação. A percepção positiva da empresa por parte de seus *stakeholders* é o maior valor de uma marca (YANAZE, 2010).

As marcas do século XXI passaram a valer muito mais do que o ativo disponível nos balanços contábeis tradicionais. Essa diferença refere-se à confiança mútua, às crenças associadas e à reputação percebida pelos públicos dessas corporações. É possível afirmar que a percepção de valor que o consumidor tem de uma determinada marca irá contribuir no seu processo de escolha pelo produto ou serviço. Além disso, é esse valor intangível, que se associa à reputação da marca corporativa, que irá reduzir os impactos de uma situação de crise, amortecendo seus efeitos. As marcas, assim como as diferentes formas como as pessoas escolhem usá-las, são representativas dos grupos nos quais os indivíduos se inserem. Marcas são indenitárias do ponto de vista individual e de aceitação social, ou seja, são os registros do posicionamento social, cultural, econômico, político, ambiental, que as pessoas assumem diante de seus grupos. Tais manifestações, às vezes antagônicas, são expostas simultaneamente e contribuem para a montagem de um complexo quebra-cabeça sobre a percepção que os diferentes públicos de relacionamento de uma marca possuem sobre ela (REIS, 2014).

Podemos compreender melhor esse processo das mudanças no paradigma da gestão e do planejamento da comunicação institucional, em paralelo à mudança de paradigma de política cultural, ao evocarmos o conceito criado por Jenkin sobre a Convergência da Cultura, que aponta essa nova tendência como um momento onde as velhas e as novas mídias se cruzam, onde a mídia corporativa e a mídia alternativa se entrelaçam, onde o produtor de mídia e o consumidor interagem de maneiras imprevisíveis. Um fluxo contínuo de conteúdos mediados por múltiplos suportes que marcam o comportamento migratório dos públicos dos meios de comunicação que vão a quase qualquer parte do mundo, através da tecnologia, em busca das experiências de entretenimento (JENKIN, 2011).

A circulação de conteúdos depende da participação ativa dos consumidores. A Convergência da Cultura entendida por Jenkin (2011) representa uma transformação cultural, à medida que consumidores são incentivados a procurar novas informações e fazer conexões em meio a conteúdos midiáticos dispersos. Essa convergência contrasta com noções mais antigas sobre a passividade dos espectadores dos meios de comunicação e destaca-se pela ação de participantes interagindo de acordo com um novo conjunto de regras. A convergência ocorre dentro dos cérebros dos consumidores individuais e em suas interações sociais com outros. Cada um de nós constrói a própria mitologia pessoal, a partir de pedaços e fragmentos de informações extraídos do fluxo midiático e transformados em recursos através dos quais compreendemos nossa vida cotidiana (JENKIN, 2011).

No mundo corporativo, mais especificamente na área de relações públicas, publicidade e propaganda, podemos encontrar exemplos como o conceito de *Lovemarks*, amplamente divulgado por Kevin Roberts, CEO da agência de publicidade Saatchi & Saatchi. *Lovemarks* é um modo de personificar as marcas e torná-las mais envolventes com seu público. Constroem relacionamentos com os consumidores através de estratégias que despertem sensações como mistério, sensualidade e intimidade, de acordo com seus criadores da empresa Saatchi & Saatchi. Mistério para atrair os consumidores com histórias, ícones poderosos e a combinação de passado, presente e futuro. Sensualidade para criar conexões com os consumidores através dos sentidos. Intimidade para gerar empatia, compromisso e paixão. Para os criadores do conceito, as pessoas não estão mais interessadas em serem catequizadas sobre benefícios funcionais e características dos produtos, elas estão buscando conexões em suas vidas (ROBERTS, 2004).

O livro organizado pelo prof. Francisco Gracioso, "As Novas Arenas da Comunicação com o Mercado" (2008), reconhece as mudanças estruturais na comunicação e considera que existem novas arenas da comunicação contemporânea. Atualmente, profissionais de comunicação pensam as experiências como instrumentos que ligam a empresa e a marca com o estilo de vida do consumidor e fazem com que as atitudes e a ocasião da compra componham um contexto mais amplo. Já houve época em que a preocupação maior das empresas de produtos e consumo e de bens duráveis era garantir o domínio da mente do consumidor no ponto de vendas, e as empresas faziam uso maciço da propaganda. Hoje a propaganda tornou-se mais cara e menos universal. Os grandes anunciantes têm ao seu dispor novas arenas de comunicação, como redes sociais, megaespetáculos, grandes eventos e promoções como patrocínio de projetos sociais, culturais, esportivos e de personalidade, inseridos no mundo do entretenimento, no universo da moda e do lazer. Através dos patrocínios ou da presença nessas arenas, muitas empresas criam notícias e promovem novos estilos de vida e produtos. De certa forma, as mudanças no comportamento e nas atitudes dos consumidores são hoje também provocadas por essas novas arenas, muito mais do que pela propaganda tradicional. Isso não significa que a propaganda deixou de ser a grande força comunicadora que sempre foi. Ela continua a ser o canal através do qual chegam ao público os ecos de tudo o que ocorre nos grandes eventos. As arenas da comunicação são o ambiente virtual, a moda, os esportes e o consumo cultural, e constituem-se hoje em um universo com lógica e linguagem próprias. Os eventos, sejam de moda, entretenimento ou esportivos, podem ser vistos como centro de difusão da marca, com ambientes concebidos para sugerir grandes espetáculos com uma atmosfera lúdica e que induz à descontração. Multiplicam-se as parcerias da indústria cultural com os grandes varejistas, com vendas de comunicação que muitas vezes superam as vendas destinadas à mídia tradicional (GRACIOSO, 2008).

No ambiente virtual, a participação dos usuários na alteração da forma e do conteúdo das mensagens enviadas pelos emissores, o modo como se expressam, a apropriação de linguagens de outros meios, a remixagem de conteúdos e o envolvimento de sentidos até da audição e visão expressam a tendência pela busca de experiências de comunicação não mediada. Ações como o patrocínio de eventos, times e atletas, assim como a presença nos estádios, transformaram o esporte e o entretenimento em um grande negócio que ajuda a movimentar bilhões de dólares em todo o mundo. Inúmeros produtos e serviços são movimentados através da Fórmula 1, torneios de futebol, liga de vôlei e Olimpíadas, grandes festivais e espetáculos, respondendo pelo fortalecimento de grandes marcas. Tanto o mercado da moda como o do entretenimento tornaram-se grandes espetáculos com visibilidade na mídia de massa e nas redes sociais. Nessas arenas, as empresas se envolvem com grandes personalidades, com shows de astros, entre tantos outros espaços de visibilidade que as marcas patrocinam (GRACIOSO, 2008).

5.2. Marketing cultural, um olhar para o negócio do entretenimento

O termo "marketing cultural" até 2005 não era usado na bibliografia internacional. A relação entre marketing e cultura estava estabelecida, de um lado pelo ponto de vista do *cross cultural marketing* e de outro pelo ponto de vista do *art administration* ou *art marketing*. *Cross-cultural marketing* é o processo estratégico de comercialização de um produto no mercado global disponibilizado aos consumidores de diferentes culturas. Para entender a relação entre marketing e cultura, os conceitos de *art administration, arts bussiness*, ou *arts marketing* podem ser boas referências. A agência federal norte-americana *National Endowment for the Arts* (NEA), criada em 15 de setembro de 1965, foi uma das principais responsáveis por financiar as primeiras iniciativas para a criação de uma formação em *arts administration*. De acordo com Costa (2011), uma das experiências de formação de agentes de *art marketing* foi a criação do *Program for Administrative Interns*, em 1961, pela *Ford Foundation*, com bolsas para auxiliar a formação e o desenvolvimento de administradores para as artes cênicas. Em janeiro de 1971, surgiu a primeira experiência acadêmica de formação na área nos Estados Unidos, no programa de graduação em administração das artes da *University of California, Los Angeles* (UCLA). Esses aspectos refletem o impacto do estudo publicado em 1966 pelos norte-americanos William Baumol e William Bowen, "Performing Arts – the economic dilemma", que apresentava o argumento de que a arte sofria da doença dos custos e precisaria ser subsidiada pelo governo e por outros patrocinadores (Costa, 2011)[1].

Outro organismo, o *Arts & Business Council*, foi criado em 1965 por um grupo de líderes empresariais da junta comercial de Nova Iorque com a finalidade de estabelecer laços mais estreitos entre as empresas patrocinadoras e as artes. Entre os anos 1980 e 1990, o *Arts & Business Council* expandiu sua afiliação com organizações para outras cidades e iniciou o Projeto Nacional de Marketing das Artes. Em 2005, o *Arts & Business Council* fundiu-se com a organização *National Americans for the Art* e hoje possui escritórios em Washington e Nova Iorque, com mais de 300.000 membros organizacionais e individuais.

As organizações de artes adotaram novas ideologias após a década de 1970, e os governos, novas práticas de gestão cultural, para que instâncias institucionais da arte e da cultura pudessem funcionar como empresas sem fins lucrativos – e, em algumas vezes, com fins lucrativos. A comercialização de artes é considerada um exemplo da penetração do raciocínio de merca-

---

[1] Costa, L. Terminologias e denominações das atividades da organização da cultura. *In:* **Cultura e Desenvolvimento**: perspectivas políticas econômicas. Salvador: EDUFBA, 2011.

102 Gestão do Lazer e do Entretenimento

do nesse ambiente. Hye-Kyung Lee (2005), em seu artigo "When arts met marketing: arts marketing theory ambedded in Romanticism", publicado no *International Journal of Cultural Policy*, coloca que a teoria do marketing aplicado às artes foi construída no contexto da gestão de associações sem fins lucrativos, em cima de um "valor romântico das artes" cuja relação entre o artista e o público era de autoridade no sentido da inspiração artística sobre a obra. A teoria do marketing aplicado às artes surgida no período de 1970 até 1980 foi conceituada como "um conjunto de técnicas" e um processo de tomada de decisão para que organizações de artes chegassem a um público mais vasto (LEE, 2005)[2].

O financiamento público das artes nas primeiras fases das políticas culturais foi justificado pela sua função "civilizadora" e pelos valores "educacionais". Isso levou a maioria das organizações de artes sem fins lucrativos a ter uma gestão como "instituições de caridade educacionais". Segundo o autor, os discursos e os conceitos que dão suporte às políticas culturais evoluíram a partir da perspectiva romântica da arte. O movimento romântico das artes, segundo Lee (2005), inclui uma gama de ideias e práticas como a celebração da livre expressão da imaginação e a ênfase na autenticidade das emoções. Artistas românticos idealizavam as artes como um local da verdade ideal. As artes não eram consideradas uma habilidade que serviria para fins sociais ou comerciais. A arte tornava-se um meio de recuperar os valores humanos empobrecidos pelo mercantilismo e pelo progresso material da sociedade. A arte teria o poder de impor a ordem social e conduzir os indivíduos à sociedade de estado perfeita; a crença de que o público de massa poderia ser iluminado pela exposição às artes. Os românticos elevaram o *status* dos artistas ao de "gênios criadores", "agentes da revolução da vida". A partir desse olhar, a autonomia dos artistas é um pré-requisito para a criação artística, e o papel do público é apreciar as obras de artes (LEE, 2005).

Na década de 1970, viu-se a introdução do conceito de marketing para o setor de artes sem fins lucrativos. O marketing, visto como um processo de gestão administrativa e de comunicação, está em contraposição à visão romântica do artista, principalmente considerando o posicionamento do público no processo de recepção da obra ou produção cultural. O núcleo do conceito de

---

[2] LEE, Hye-Kyung. When arts met marketing: arts marketing theory ambedded in Romanticism. **International Journal of Cultural Policy**, King's College, London, 2005, p. 289-305.

marketing é o mercado e o cliente. Ou seja, uma organização deve produzir aquilo que seus clientes precisam. Essa orientação é muitas vezes comparada com a orientação para as vendas. Uma organização orientada pelo marketing acredita que os consumidores vão comprar se houver um esforço de distribuição e de promoção. Teoria de marketing argumenta que a gestão orientada para o mercado hoje é pré-requisito para a sobrevivência e o sucesso organizacional de qualquer instituição, seja ela com ou sem fins lucrativos.

A difusão da ideia da produção artística cultural como bem comercializável foi inicialmente impulsionada pelo sistema de financiamento das artes sob o incentivo do governo. Na primeira metade da década de 1980 o *Arts Council* começa a fornecer dados de mercado do consumo cultural e também cria um departamento para auxiliar as associações no desenvolvimento de ações de marketing para captação de audiência. Durante 1988-1989, "prêmios de incentivo" foram distribuídos para os conselhos regionais que incentivassem ações para melhorar as habilidades e os recursos de organizações para marketing aplicado às artes, bem como melhorar a sua capacidade de gestão eficiente e desenvolvimento de patrocínio e geração de receitas (LEE, 2005).

Apesar do rápido crescimento da demanda por marketing aplicado às artes no âmbito da política de mercantilização da cultura, o progresso no desenvolvimento de trabalhos teóricos sobre o conceito foi relativamente lento. Embora houvesse textos de marketing aplicado às artes produzidos por acadêmicos nos EUA e na Inglaterra, esses textos foram fornecidos na forma de guias práticos, principalmente pelo sistema público de financiamento das artes. Esses manuais apresentaram seis princípios básicos do processo de marketing, tendo em conta os recursos, os objetivos, o posicionamento do produto, o mercado-alvo, as estratégias e a avaliação. A compreensão de marketing como um processo de tomada de decisão foi apoiada por escritos produzidos na segunda metade da década de 1980 pelo *Greater London Arts* (LEE, 2005).

No período da década de 1990, segundo Lee, foi observado um desenvolvimento em teorias de marketing aplicado às artes. Esse desenvolvimento começou a partir de críticas às abordagens existentes para apenas os elementos funcionais de marketing aplicado às artes. A própria essência do marketing como orientação para o mercado é uma filosofia de orientação organizacional. Espera-se que um produto deva ser criado com base no que os clientes realmente querem e deliberadamente combinando preço, praça e promoção, a fim de maximizar sua satisfação. É nessa fase que os escritores de marketing aplicado às artes enfrentam a incompatibilidade teórica entre o conceito de marketing e a visão romântica da produção artística.

Hye-Kyung Lee (2005) analisou diferentes trabalhos sobre marketing aplicado às artes escritos entre 1970 e 1990 para compreender os argumentos sobre os dilemas e dualidades que fazem parte dessa discussão. Em suas análises, o autor procura reconhecer alguns tipos de abordagens do marketing voltado para as artes na aplicação e no gerenciamento de organizações artísticas e culturais, e foram encontradas quatro abordagens que se diferem e se aproximam: o conceito de marketing genérico; a abordagem de marketing de relacionamento; uma definição ampliada do cliente; e uma definição ampliada do produto.

O conceito de marketing genérico: os textos que adotam essa abordagem acreditam em um marketing geral para todos os tipos de organizações na sociedade. Essa categoria de abordagem define marketing como "trocas de valor" entre uma organização de artes e seus consumidores. A noção de troca foi bem recebida porque enfatiza a transação mutuamente benéfica entre dois atores. **A abordagem de marketing de relacionamento**: esta abordagem, segundo o autor, volta sua atenção para o "marketing de relacionamento", uma noção que se desenvolveu nas indústrias de serviços nos anos 1980. Marketing de relacionamento mantém o núcleo da atividade de marketing no relacionamento de longo prazo com os clientes. Tal abordagem assume como sendo mais econômica do que o marketing tradicional. Supõe-se que uma organização de artes pode desenvolver e manter um relacionamento satisfatório com os seus clientes, mesmo que as ações não sejam puramente orientadas para mercado. Com a **definição ampliada do cliente**, apoiada pela literatura de marketing *mainstream,* os consumidores que estão interessados em uma organização são muitas vezes entendidos como clientes, tais como apoiadores, colaboradores, fornecedores, patrocinadores, agentes, os consumidores/compradores, governo, concorrentes, públicos especiais e público geral, autoridades locais, fundações, estabelecimentos de ensino, de imprensa/mídia, clientes para serviços auxiliares, patrocinadores de negócios, amigos, sócios, administradores. Com a definição alargada de cliente, uma organização de artes pode planejar suas ações orientadas para atender aos interesses desses diferentes públicos. O argumento teórico da **definição ampliada do produto** sustenta que todos os tipos de experiências artísticas podem ser fornecidos pela organização de artes sem alterar o seu produto principal, que é a produção artística em si. A ideia é criar produtos que ampliem a experiência dos clientes e a sua interação com a obra para maximizar o valor da experiência (LEE, 2005).

No Brasil, o conceito de Marketing Cultural é visto através de outras perspectivas. Entre os autores nacionais mais citados encontramos Candido José Mendes Almeida, Ivan Freitas Costa, Micky Fischer, Gil Nuno Vaz, Manoel Marcondes Machado Neto, Roberto Muylaert, Ana Carla Fonseca Reis, Yacoff Sarkovas e Leonardo Brant. Os primeiros livros sobre Marketing Cultural são datados da década de 1990. O conceito de marketing cultural no país está ligado à esfera das relações públicas e da propaganda, onde o patrocínio cultural é reconhecido como uma ferramenta de promoção e diálogo com o público. Em seu livro "Marketing Cultural ao Vivo", Almeida reúne o depoimento de 16 profissionais da área, entre eles Sérgio Paulo Rouanet, ministro da Cultura do governo Collor e que criou a lei Rouanet, cineastas, produtores e empresários. Apesar de não sistematizar o papel de cada um no processo do marketing cultural, reconhece a existência dos diferentes agentes do mercado. No final do texto, assim como no livro de Muylaert, são apresentados alguns *cases* de sucesso na época, como o caso da Coca-Cola, Shell, Banco Nacional, bem como os *cases* do Free Jazz Festival e Carlton Dance, sempre pelo ponto de vista da empresa patrocinadora.

Outro texto deste mesmo período é a organização do livro "Marketing Cultural: um Investimento com Qualidade", de 1998. Este é um trabalho onde participam profissionais bastante reconhecidos no mercado, acadêmicos e gestores; uma organização realizada pela empresa Informações Culturais, como resultado de um importante encontro ocorrido no ano de 1998. Nesse encontro participaram: Danilo Santos Miranda, Isaura Botelho, Marcos Mendonça, Renato Ortiz, Yacoff Sarcovas, José Carlos Durand, profissionais e acadêmicos que até hoje trabalham com questões relacionadas às políticas e às práticas culturais. Mais uma vez são reconhecidas a existência e a importância dos diferentes agentes do processo, porém a publicação ainda não traz a relação entre eles, a descrição dos processos e o papel de cada um para o desenvolvimento da dinâmica atual do financiamento à cultura.

Para Almeida (1993), a arte confere prestígio a qualquer ação mercadológica. Segundo Vaz (1995), marketing cultural é o conjunto das ações de marketing utilizadas no desenvolvimento de um projeto cultural, aplicadas tanto em relação aos objetivos e critérios que orientam a concessão de fundos quanto aos procedimentos de arrecadação de recursos. Sarkovas (1995) pensa o marketing cultural como um instrumento qualificador da comunicação empresarial, por sua associação às expressões artísticas, ressaltando o potencial na construção da imagem e da reputação da empresa patrocinadora.

Com as transformações na economia brasileira entre 1995 e 2005 e o aumento da concorrência trazida pela globalização, o mercado brasileiro deixou de ser aquele liderado por pequenas empresas e passou a apresentar um conjunto muito maior de opções de consumo que aceleraram o processo de concorrências entre as empresas e consequentemente transformações no processo de comunicação usado por elas. Com a mudança na dinâmica capitalista e a passagem de uma lógica de concorrência de preços para uma nova lógica de concorrência de marcas, a comunicação para o mercado se torna a principal ferramenta das empresas (RUBIM, 1997).

Já nos anos 2000 as reflexões em torno do tema tornam-se mais complexas, e algumas publicações com discussões mais aprofundadas surgiram, porém, sempre observando o conceito através da perspectiva do patrocínio. Entre as principais publicações dos anos 2000 encontramos as teses de doutorado de Ana Carla Reis, defendida na Faculdade de Economia e Administração da Universidade de São Paulo, e de Manoel Marcondes Neto, defendida na Escola de Comunicações e Artes, também da Universidade de São Paulo. Ambas foram publicadas entre 2003 e 2005, trabalham com o conceito do marketing cultural, reconhecem a participação dos três agentes e descrevem a dinâmica: o governo, a classe artística e as empresas patrocinadoras.

Para trabalhar o conceito de Marketing Cultural, recorreremos aos parâmetros identificados pelo Professor Mitsuru Yanaze quando escreve em seu livro "Gestão de Marketing e Comunicação". O professor coloca que o conceito de marketing cultural, no Brasil, vem sendo utilizado erroneamente para identificar apenas as ações de comunicação por ação cultural por parte das empresas patrocinadoras de projetos culturais. E define marketing cultural como um conjunto de ações estratégicas de planejamento e gestão na esfera das instituições culturais sobre os seus produtos e serviços, que são a própria obra artística entregue a um público de interesse e os objetivos são traçados de acordo com a relação produtor-arte-consumidor-produtor-arte (YANAZE, 2011).

Para este professor as ações culturais, na medida em que são direcionadas e divulgadas para o público das organizações estranhas ao mundo das artes, perdem o caráter puramente institucional e se constituem em políticas de comunicação organizacional (YANAZE, 2011). Aponta três alternativas de financiamento para a viabilização de empreendimentos culturais: os recursos do estado, os recursos das pessoas físicas e jurídicas via mecenato e doação e as receitas diretas das vendas de produtos e serviço (YANAZE, 2011).

Marketing cultural está inserido nas trocas entre a sociedade civil, instituições privadas, instituições culturais e o estado. Segundo Rubin (2007), para entender os processos comunicacionais entre os agentes culturais contemporâneos, é necessário "ressignificar" os conceitos de público, relacionamentos, redes sociais e opinião pública no contexto da sociedade contemporânea. É necessário estudar as ações corporativas e suas interfaces com as políticas e estratégias do setor público, privado e não governamental. A pesquisa aplicada ao setor cultural de reconhecimento, interno, institucional e mercadológico requer o entendimento das relações políticas existentes entre os agentes envolvidos nas políticas culturais.

5.3. Marketing esportivo: outro olhar para a mesma área de negócios, discussões e necessidades

O marketing esportivo durante o processo de sua definição no Brasil pode ser visto por dois ângulos diferentes: o primeiro nos remete a pensar como se uma determinada equipe esportiva fosse o alvo de uma campanha promocional, ou seja, ela (equipe) é o grande produto e deve-se colocá-la no mercado. O segundo ângulo prevê usar o esporte como uma ferramenta para colocar os produtos esportivos no mercado, como chuteiras, tênis especiais para corrida etc. Levando esse ângulo mais além, podemos pensar o esporte para rejuvenescer a imagem de algum produto que está longe das quadras esportivas. Como exemplo, citamos o caso do leite condensado da Nestlé – o Leite Moça – e o voleibol feminino. Se fosse feita uma pesquisa de opinião com a população em geral sobre o que é o marketing esportivo, provavelmente obteríamos um terceiro ângulo: o patrocínio. Essa é uma das ideias que mais confundem os leigos, já que por vários momentos ouve-se que o patrocínio esportivo é o grande objeto de trabalho do marketing esportivo. Quando se observa o marketing esportivo pelo ponto de vista do patrocínio esportivo, pode-se interpretar o estudo de forma míope.

No esteio do histórico das definições sobre o marketing esportivo, que por anos não davam conta de explicar o tema, Melo Neto (1995, p. 34) começa com uma lista, quando define o marketing esportivo como "um novo segmento no mercado de comunicação. Trata-se de um tipo de marketing promocional". Outro autor brasileiro define o marketing esportivo como sendo "todas as atividades desenvolvidas e elaboradas para satisfazer as expectativas do consumidor do esporte, através de um processo de troca" (NOGUEIRA *apud* CONTURSI, 1996, p. 39).

Contursi (2000), em seu trabalho, apresenta um posicionamento melhor sobre a definição de marketing esportivo, abrangendo duas ideias diferentes – uma delas é o marketing do esporte: "marketing de produtos e serviços esportivos. Ex.: academias, tênis, clubes, futebol, corridas". E do outro lado: "marketing através do esporte são as atividades ou produtos que fazem uso do esporte como veículo promocional. Ex.: automóveis, vitaminas". Caminhando pelo mar de definições que auxilia no processo complexo de entender o que é o marketing esportivo, Cardia (2004) afirma, em sua produção, que marketing esportivo não pode ser muito diferente do marketing propriamente dito e deve se relacionar com a disciplina do esporte. Mais próximo dos dias atuais, Halfen (2012) toma outro caminho para definir o "marketing no esporte ou esportivo". Ele entende como modelo usado por entidades de administração do desporto para impactar suas gestões empresariais. Deixa claro que iniciativas que contemplem aspectos econômico-financeiros, estudos de posicionamento e análises de mercado são indispensáveis para o correto uso dessa disciplina.

Por anos, as diferentes definições de marketing esportivo, do esporte, no esporte, criaram uma geração de jovens egressos de suas cadeiras de graduação, "sabedores e conhecedores" das mais inovadoras técnicas de marketing, entusiasmando-os para que elaborassem projetos magníficos, que prometiam retornos de mídia aos incautos apoiadores, que seriam controlados por minuto de aparição e portfólios de publicações repletos de reportagens que criam retornos de mídia na casa dos milhões de reais. Tratando-se de Brasil, o caminho mais fácil muitas vezes é o mais considerável pela grande maioria, ou seja, para levar um projeto em frente é preciso financiamento, e isso atualmente pode ser conseguido de duas formas: por meio de Lei de Incentivo (federal, estadual ou municipal) ou por conta de um patrocínio esportivo.

Os autores já citados neste capítulo não estavam errados nas suas definições sobre marketing esportivo, afinal eles refletiram o entendimento sobre o conceito característico de cada período de suas publicações. Já são duas décadas em que conceito procura um espaço e um entendimento no Brasil, e, se olharmos de perto, podemos perceber que ele mudou drasticamente. Halfen nos demonstrou que, em 2012, a interpretação do marketing esportivo aqui no Brasil já estava próxima da área de negócios. Aqui, é de conhecimento público que o futebol é a modalidade esportiva de maior sucesso no Brasil, seja pelo foco esportivo com seus cinco títulos mundiais, seja pelo mercado de negociações de jogadores, seja pelas milionárias receitas advindas do público que frequenta as arquibancadas dos estádios, seja pela negociação dos direitos de arena entre equipes de futebol e canais de televisão que transmitem as partidas, pelas atuais receitas de produtos licenciados e até pelo "naming rights" nas novas arenas esportivas. Observando esses elementos, mas em via de mão contrária, são diversas as dúvidas que aparecem, como, por exemplo, por que essa modalidade esportiva chamada de "gênero masculino" chegou a esse patamar.

A mesma modalidade, mas no gênero feminino, não conseguiu emplacar na preferência do público. O rúgbi, uma modalidade de sucesso nos países europeus, na África do Sul, nos países da Oceania e na nossa vizinha Argentina, não conseguiu até agora estabelecer fortes alicerces e uma identidade com o público. O críquete, que é uma das modalidades esportivas mais praticadas na Índia e em países vizinhos, enchendo estádios e arrecadando fortunas, por aqui não passou de uma grande diversão de rua chamada de "taco" ou "betes", como costumeiramente a chamam no interior do estado de São Paulo. São várias as modalidades que poderiam ser citadas aqui que fazem espetacular sucesso em partes do mundo, mas que no Brasil não saem do amadorismo remunerado, como o tênis, o golfe, o basquete, o hóquei no gelo, o beisebol, etc.

Nossas origens europeias também colaboram com as posições tomadas no passado. A base de nosso esporte são os clubes socioesportivos, o modelo europeu de associativismo e que hoje caminha para realidades esportivas mais recreativas do que de competição. Nos Estados Unidos, o esporte é de base escolar/universitária, com um viés profissional nas ligas esportivas, com modalidades de muito sucesso no mundo dos negócios que por si só não conquistariam o mesmo resultado se não fossem escolhidas para participar de uma linha de ação para divulgar e difundir o esporte. Em 2011, a revista Forbes, especialista em listas dos "mais" em diversas áreas, lançou a lista dos cinquenta clubes que mais arrecadaram em seus negócios esportivos, "Ferrari" na Fórmula 1, "Manchester United" no futebol e o "New York Yankees" no beisebol são as equipes que mais arrecadam. Depois, 32 equipes do futebol americano estão inseridas na lista, ou seja, sobram apenas 18 equipes esportivas em todas as modalidades do esporte de todas as partes do mundo, que arrecadam o mesmo ou um pouco a mais do que a pior equipe de futebol americano da *National Football League*, a NFL. Essa realidade chama a atenção, já que por terras brasileiras consideramos o futebol um sucesso. Neste mesmo ano (2011), a equipe de futebol (*soccer*) de maior sucesso em arrecadação, o Manchester United, da Inglaterra, apresentou uma produção dez vezes maior em arrecadação do que a principal equipe no Brasil, que na época era o Flamengo.

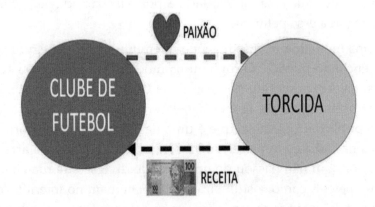

Figura 2. Troca básica em marketing esportivo. Fonte: adaptado de Barros (2007).

Após este panorama e entendendo que marketing é troca, em uma análise sobre o futebol e sua troca mais básica devemos encontrar um panorama como o demonstrado pela Figura 2. A equipe ou clube de futebol transmite a paixão

Marketing Cultural e Esportivo: um Breve Olhar para a Gestão do Lazer e do Entretenimento 111

ao seu público, que podemos apelidar de torcedores ou fãs, enquanto estes compram ingressos, camisas e artigos esportivos com o emblema do clube, consomem suas notícias, assistem aos seus jogos e tudo isso e mais um pouco acaba se transformando em receita. Dessa forma, aqui a proposta é de enxergar o marketing esportivo pelo viés do entretenimento, ou seja, entender que a atividade esportiva desenvolvida em um espaço, seja um campo, uma quadra, uma piscina, um tatame, um ringue ou qualquer outra instalação esportiva é uma ação de entretenimento que possibilita atrair público e com isso obter as receitas necessárias para a sua subsistência em níveis básicos. Quando mudamos o foco de observação, encontramos estudos em outros países que poderão nos mostrar que o marketing esportivo está dedicado aos fãs do esporte. Wakefield (2007) apresenta uma lista de detalhes sobre o comportamento de fãs que consiste em: 1. Identificar e acompanhar o comportamento da equipe e seus jogadores, dentro e fora do campo (via www.espn.com, sites na internet das equipes, jornais, televisão, rádio, etc.). 2. Comprar produtos licenciados (camisas de jogo, artigos para automóveis, parafernálias, bonés, canecas, etc.) e demais produtos promocionais da equipe. 3. Doar ou pagar assentos permanentes com objetivo de comprar bilhetes com preços de época. 4. Viajar para ver os jogos da equipe fora do mercado local. 5. Participar de iniciativas de arrecadação para pagar uma nova arena ou estádio para a equipe baseada em taxas de apoio. 6. Ser um defensor da conferência, campeonato ou liga em que a equipe joga. 7. Dedicar tempo significativo assistindo, observando e discutindo a equipe com outros fãs dedicados.

Com essa lista de ações podemos dizer que os envolvidos com marketing esportivo, em vez de procurar "patrocinadores", deveriam se preocupar em transformar suas equipes em provedores de entretenimento, em primeiro lugar, para a comunidade mais próxima da sede desta equipe, nos bairros próximos e até no município sede, para depois procurar aumentar o seu alcance de fãs. Entende-se que transformar uma equipe esportiva em um grande entretenimento para as massas deve despender esforços para duas frentes de trabalho simultaneamente. A primeira, que é percebida com facilidade nos dias de hoje nas equipes brasileiras, é a montagem da própria equipe, trazendo bons jogadores, contratando bons técnicos, elaborando planejamentos de treinamento complexos, pré-temporadas, etc. A segunda, essa sim mais inovadora no Brasil, que por aqui ainda está sendo feita timidamente ou de forma muito amadora[3], transformar as modalidades diferentes de futebol em grandes produtos de entretenimento, substituindo o patrocínio ou verbas públicas para sobreviverem enquanto equipes.

Um dos respeitados pesquisadores do marketing no mundo, Philip Kotler, chegou a publicar em 2008, junto com mais dois autores, Irving Rein e Bem Shields, o seu livro de marketing esportivo que tem como subtítulo: "a reinvenção do esporte na busca de torcedores". Sozinho, este subtítulo já seria muito elucidativo, uma vez que todo esforço na montagem de uma equipe esportiva deveria ser recompensado com uma oportunidade de manutenção e sustentabilidade financeira mais duradoura, por meio de uma base financeira capaz de garantir sua sobrevivência; e as arquibancadas cheias, de certa forma, podem fazer isso. Historicamente no Brasil, em duas modalidades que também estão no gosto do brasileiro, o vôlei e o basquete, várias equipes nascem e morrem a cada ano por não conseguirem patrocinadores que deem suporte financeiro para sua sobrevivência. Ginásios lotados nem sempre significam arrecadações, já que, como retorno para os seus patrocinadores, os jogos são realizados com portões abertos, sem cobrança nenhuma de ingressos.

Rein, Kotler e Shields (2008) nos lembram que "os fãs do esporte nunca tiveram tantas opções, oportunidades, lugares e eventos nos quais investir seu tempo e dinheiro". Para que isso se torne uma realidade no Brasil, há a necessidade de que toda essa gama de eventos esportivos se torne um entretenimento acima de mostrar o empenho técnico, de existir uma boa equipe ou um excelente duelo.

Além do futebol, algumas poucas modalidades estão ou já estiveram próximas de conseguir um ou outro exemplo de gestão de fãs e empreender em entretenimento. Ginásios no interior do estado de São Paulo não precisam de muita coisa para ficar lotados com capacidades acima dos três mil assentos disponíveis, mas poucos com cobrança de ingressos e ainda assim com preços irrisórios para não "espantar" o público, não se objetivando a meta de arrecadação.

---

[3] Neste caso devemos excluir as equipes de futebol profissional, já que, como existe um número de torcedores muito grande para os principais clubes do Brasil, provavelmente contam com algum tipo de esforço para agradarem seus fãs.

Vale aqui um exemplo de processo autodestrutivo: na década de 1990, na cidade de Araraquara, São Paulo, um importante clube socioesportivo regional chamado Clube Náutico Araraquara mantinha uma equipe de vôlei com o apoio financeiro da fundação de esportes local, ligada à prefeitura, e alguns patrocínios de indústrias locais. Com isso, ele seguia no principal campeonato nacional da modalidade em posições do meio da tabela. O ginásio local, chamado oficialmente de Castelo Branco, mas apelidado de "Gigantão", com espaço para aproximadamente cinco mil pessoas sentadas, cobrava ingressos para que, com essa arrecadação, pudesse garantir o pagamento do pessoal que trabalhava para manter e produzir um bom espetáculo, como seguranças e bilheteiros, e também garantir o pagamento dos custos da partida com arbitragem e ainda alguma coisa a mais. A alegria durou pouco, já que alguns anos depois, na mesma cidade, foi criada uma equipe de basquete mantida por uma universidade local que, como estratégia de reverter o público de uma modalidade para a outra, fazia seus jogos com os portões abertos. Em pouco tempo as arquibancadas do vôlei ficaram vazias e as do basquete lotadas, com um entendimento da população de que haviam sido enganados por anos tendo de pagar ingressos para assistir ao vôlei.

Esse tipo de exemplo não deve ser o único por este país de dimensões continentais, mas demonstra a falta de conhecimento sobre as possibilidades de negócios atrelados ao entretenimento e o baixo investimento na sua realização, já que muito pouco é feito para deixar nossos equipamentos esportivos confortáveis para receber grandes públicos. Isso faz com que a cada dia fiquem mais difíceis a montagem e a manutenção de equipes esportivas no Brasil.

As limitações não são poucas: além de a estrutura de ginásios e de outros locais para o esporte ser um impeditivo, também inibe a força para desenvolver uma estratégia de entretenimento mais abrangente – e, mesmo que esta fosse aplicada, os seus resultados não renderiam frutos para a sustentabilidade de uma equipe. Modalidades que têm fãs também têm consumidores com vontade de comprar artigos ligados a seus times (clubes) ou materiais ligados à prática da modalidade. O futebol, mais uma vez, é a estrela deste exemplo no Brasil: estádios lotados que permitem uma receita básica para a sobrevivência de algumas equipes e que vendem muitos materiais ligados à sua prática, como camisas dos clubes, chuteiras, bolas, meiões, mochilas, etc.

Com isso, as fábricas de material esportivo estão sempre em busca de uma parceria com algum clube de primeira linha para propiciar vendas. Os fabricantes de bola correm atrás das federações para oficializar seu produto e assim o exibirem durante a transmissão televisiva de uma partida de futebol. Até nisso a busca por novos fãs possibilita um consumo maior de materiais e torna as equipes atraentes para a indústria do esporte.

A preocupação com o marketing esportivo deverá crescer nos próximos anos no Brasil, já de pronto entendendo que estamos atrasados sobre a concepção de esporte como negócio. Morgan e Summers (2008, p. 48) clarificam essa posição.

> O montante gerado com esporte no mundo todo se tornou tão exorbitante que agora o esporte já é considerado realmente um negócio. Ele figura na lista dos ativos nacionais, sua gestão e marketing são concebidos como parte de programas empresariais e gestores governamentais e do setor privado dedicam-se ao seu controle.

São muitas as necessidades para transformar as atuais práticas do marketing esportivo e suas definições no Brasil em bases para o desenvolvimento do entretenimento esportivo. As ferramentas de gestão e marketing já apontam para esse caminho. Seria normal que pudéssemos desenvolver projetos esportivos baseados nas ferramentas de marketing e que os estudos sobre a melhoria dos negócios esportivos fossem baseados nas pesquisas desse campo do conhecimento.

O esporte, enquanto entretenimento, vai balizar elementos, como os grandes jogadores e as boas instalações, com uma visão mais abrangente de como se pode atrair fãs e com isso transformar o projeto em geração de renda, seja por arrecadação direta na venda de ingressos ou pela arrecadação indireta na venda de produtos e serviços ligados à equipe (licenciamentos do clube) proponente inicial desse projeto.

Em uma comparação figurativa com a área cultural, um estúdio de cinema pode produzir um *blockbuster* e arrecadar centenas de milhões de dólares, superando em muito os seus custos, ou poderá focar no chamado "circuito alternativo", produzindo um filme de alto teor cultural, mas que não garante arrecadar os seus custos. Essas opções acabam surgindo pelo seu foco inicial. A rigor, um estúdio que quer agradar as grandes massas tem foco no negócio "cinema", enquanto um estúdio que produz filmes para o circuito alternativo quer impactar a crítica ou mesmo chegar aos seus adeptos com produções que vão marcar época, sem se importar com os lucros. Hoje, na maioria das modalidades esportivas diferentes do futebol no Brasil, que se propôs a desenvolver projetos de marketing esportivo, a sobrevivência da equipe está em primeiro plano. A busca por projetos de Lei de Incentivo e de patrocínios ainda supera a possível estratégia de investir para que aquela equipe se torne um entretenimento e passe de nível atraindo fãs e, com isso, possa desenvolver negócios diretos e indiretos que venham lhe dar a devida base financeira para torná-la mais perene.

Ao final deste capítulo, uma definição mais equilibrada de marketing esportivo atualiza as já descritas e resume que não há divisões ou diferenças de aplicações. Segundo Shank (2009), marketing esportivo é "a aplicação específica dos princípios de marketing a processos de produtos esportivos e para a comercialização de produtos não esportivos através de associação com o esporte". E quanto ao esporte como entretenimento, Shank também colabora com as nossas conclusões de que o esporte nos leva para longe de nossa rotina diária e nos dá prazer – e, curiosamente, o "entretenimento" também é definido como envolvente ou uma pausa nas rotinas. Assim, independentemente de saber se estamos vendo um filme novo, ouvindo um concerto ou participando de um show de habilidades no basquete promovido pelo astro Dwyane Wade, estamos sendo entretidos.

5.4. Considerações finais

Este capítulo pretendeu apresentar uma revisão conceitual de dois elementos importantes da gestão do lazer e do entretenimento. Os conceitos que balizam este livro nos provocam reflexões em torno da prática da gestão de projetos que desenvolve ações esportivas e culturais e, consequentemente, está refletida naquilo que entendemos por lazer e entretenimento. Projetos esportivos e culturais apresentam uma dinâmica específica para a sua execução, que está ligada à forma de financiamento e sustentabilidade econômica dos profissionais que estão neles envolvidos.

A ideia de marketing aplicado aos conceitos de cultura e esportes nos remete à ideia de gestão de processos que relacionam a prática – cultural e esportiva – com o público, que, por sua vez, é objeto dos programas e projetos de lazer e entretenimento, sejam eles públicos ou privados. Essas primeiras impressões pontuam a complexidade da discussão e a importância dos processos descritos para a profissionalização do setor. Compreender o papel da classe cultural e esportiva, do governo, das empresas patrocinadoras, do público da cultura e os torcedores do esporte, no contexto da gestão de projetos, é um aspecto fundamental para se apropriar de instrumentos úteis no exercício profissional.

Outro elemento que se relaciona diretamente com os conceitos de marketing cultural e esportivo, mas que, como afirmamos no início deste capítulo, não se restringe aos elementos integrais dos processos trabalhados, é a captação de recursos como etapa fundamental da gestão de projetos. Dessa forma, acreditamos que o próximo capítulo complementa essa discussão e aponta algumas características dos cenários de patrocínios e captação de recursos no Brasil.

5.5. Referências bibliográficas

BARROS, J. A. F. *In*: CARREIRO, E. A. **Gestão da Educação Física e Esporte**. Rio de Janeiro: Guanabara Koogan, 2007.

BIRGIT, M. **Characteristics of Arts Marketing, Managing the Arts: marketing for cultural organizations**. Leuphana Digital School Goethe-Institut e Alumniportal Deutschlan. Disponível em: <http://digital.leuphana.com/courses/managing-the-arts/looking-back/>. Acesso em: 08 jul. 2016.

CARDIA, W. **Marketing e Patrocínio Esportivo**. Porto Alegre: Artmed, 2004.

CONTURSI, E. B. **Marketing Esportivo**. 2.ed. Rio de Janeiro: Sprint, 2000.

COSTA, I. F. **Marketing Cultural:** o patrocínio de atividades culturais como ferramenta de construção de marca. São Paulo: Atlas, 2004.

COSTA, L. Terminologias e denominações das atividades da organização da cultura. *In*: BARBALHO, A. **Cultura e Desenvolvimento:** perspectivas políticas econômicas. (Coleção CULT) Salvador: EDUFBA, 2011.

DUMAZEDIER, J. **Lazer e Cultura Popular.** (Coleção Debates) São Paulo: Perspectiva, 2001.

FERNANDES, A.; POLI, Karina. Turismo, Território e Imagem: uma perspectiva da evolução do planejamento. *In*: MARTINEZ, R. C.; GARCIA, J. A. (orgs.) **Direito e Turismo.** São Paulo: Saraiva, 2014.

FISCHER, Micky. **Marketing Cultural:** legislação, planejamento e exemplos práticos. São Paulo: Global, 2002.

HALFEN, I. O Marketing no Esporte. *In*: MANSUR, T.; ZANETTE, R. **O Marketing Esportivo no Brasil**. Florianópolis: Instituto Brasileiro de Marketing Esportivo, 2012.

LEE, H.-K. When arts met marketing: arts marketing theory embedded in Romanticism. **International Journal of Cultural Policy**, King's College, London, 2005, p. 289-305.

LEOCADIO, A. L.; MARCHETTI, R. Marketing Cultural: critérios de avaliação utilizados pelas empresas patrocinadoras. *In*: **VI SEMEAD**, São Paulo, 2003.

MACHADO NETO, M. M. **Marketing Cultural:** das práticas à teoria. Rio de Janeiro: Ciência Moderna, 2005.

MELO NETO, F. P. de. **Marketing de patrocínio**. Rio de Janeiro: Sprint, 2000.

MELO NETO, F. P. de. **Marketing Esportivo**. Rio de Janeiro: Record, 1995.

MORGAN, M. J.; SUMMERS, J. **Marketing Esportivo**. São Paulo: Thomson Learning, 2008.

REIN, I.; KOTLER, P.; SHIELDS, B. **Marketing Esportivo:** a reinvenção do esporte em busca de torcedores. Porto Alegre: Bookman, 2008.

REIS, A. C. F. **Marketing Cultural e Financiamento da Cultura**. São Paulo: Editora Thomson, 2003.

REIS, P. **Planejamento Estratégico Organizacional**. São Paulo: USP, 2014.

RUBIN, A. Políticas Culturais entre o Possível e o Impossível: o público e o privado. **Revista do Programa de Pós-Graduação em Polícias Públicas da Universidade Estadual do Ceará**, n. 9, jan./jun. 2007, p. 33-47.

SARKOVAS, Yacoff. **Gráficos e Diagramas do Curso Básico de Marketing Cultural**. São Paulo: Articultura comunicações, 1995.

SHANK, M. D. **Sports Marketing:** a strategic perspective. New Jersey: Pearson Prentice Hall, 2009.

VAZ, G. N. **Marketing Constitucional:** o mercado de ideias e imagens. São Paulo: Pioneira, 1995.

VIANA, L. Introdução ao Marketing Esportivo. *In*: ALMEIDA, C. J. M.; SOUZA, M. M. A.; LEITÃO, S. S. **Marketing Esportivo ao Vivo**. Rio de Janeiro: Imago, 2000.

WAKEFILD, K. L. **Team Sports Marketing**. Burlington (USA) and Oxford (UK): Elsevier, 2007.

YANAZE, M. **Gestão de Marketing e Comunicação:** avanços e aplicações. 2. ed. ampl. São Paulo: Saraiva, 2011.

6. O Gestor e a Captação de Recursos no Lazer e no Entretenimento

Karina Lima da Cunha Poli

Luiza Ribeiro do Valle

Rosangela Martins de Araujo Rodrigues

Formação profissional na área do lazer e do entretenimento muitas vezes procede somente da experiência no próprio local onde se atua, ou seja, muitos aprenderam a "fazer fazendo". E assim é que muitos gestores dessa área de atuação desenvolveram sua prática, a partir das necessidades que se apresentam para gerir projetos nas organizações. A atuação profissional no campo do lazer e do entretenimento é para além de animar pessoas em espaços, eventos e projetos das mais diferentes tipologias; também reside na coordenação de equipes e projetos para consecução dos objetivos de organizações privadas e públicas, como visto no Capítulo 2. Considerando o lazer um "campo multidisciplinar que possibilita a concretização de propostas interdisciplinares" (STOPPA; ISAYAMA, 2001, p. 84), certamente o gestor dessa área, além de compreender esse fenômeno de forma muito aprofundada e específica, deverá construir uma trajetória de diversificados saberes e experiências profissionais.

Encontramos nos estudos do lazer algumas indicações importantes e significativas sobre os aspectos que devem ser abordados na formação acadêmica e profissional, tendo em vista as múltiplas possibilidades de atuação.

Quanto à formação acadêmica, são indicados quatro eixos para compor a abordagem de lazer nos currículos:

> (...) iniciação às bases teóricas, vivências refletidas nos conteúdos culturais que permitam a formação de um repertório, análise crítica do mercado de trabalho e iniciação ao planejamento, contemplando pelo menos o desenvolvimento de projetos de ação (MARCELLINO, 2009, p. 62).

O presente capítulo amplia e relaciona o quarto eixo, iniciação ao planejamento, aos desafios que enfrentam aqueles que se dedicam à gestão do lazer e do entretenimento, principalmente para viabilizar financeiramente os projetos da área. Como já visto nos capítulos anteriores, os processos que devem ser geridos no grande sistema de gestão requerem do profissional certas competências que o fazem buscar, para além dos cursos específicos do campo do lazer, do entretenimento e da recreação, outros cursos que contribuam para o entendimento e a utilização de metodologias e técnicas para mobilização de recursos. Assim, dedicamos alguns parágrafos ao relato sobre a trajetória advinda de experiências profissionais, onde desafios foram superados com a busca de formações e informações específicas para a gestão de projetos e captação de recursos.

A partir de experiências acumuladas em organizações onde atuamos profissionalmente, especialmente na liderança de equipes de lazer, esportes e entretenimento, é possível fazer um recorte na trajetória de formação, ao menos inicialmente, pautado na prática da gestão baseada em demandas que surgiam no cotidiano dos projetos.

Tarefa complexa e diversificada, o gestor do lazer e do entretenimento tem o papel de pensar, planejar e gerir, com ferramentas de gestão, mobilizando o que for necessário para viabilizar uma atividade, uma ação, um projeto ou um plano. Segundo Bramante (1997, p. 146), "não se pode confundir a experiência de liberdade que o usuário dos serviços de lazer deve ter com a disciplina do conhecimento e a abrangência da experiência que um administrador deve possuir da área". Assim, apesar da informação/formação desinteressada por parte de quem pratica, o gestor deve ter sempre intencionalidade, e não lidar apenas com a previsão do lucro ou da sustentabilidade.

O Gestor e a Captação de Recursos no Lazer e no Entretenimento **121**

Considerando que projeto é a principal forma de submeter as ações de uma organização às fontes de financiamento, é importante conhecer a caracterização do empreendimento, bem como reconhecer o contexto no qual ele se insere. Conhecer elaboração de projetos, utilizando a metodologia mais adequada à sua tipologia e ao empreendimento, é o primeiro critério para uma competente atuação gestora de programas e projetos em uma organização. Já a gestão de projetos consiste no "processo de tomar decisões, que envolve o uso de recursos para realizar atividades temporárias com o objetivo de fornecer um resultado" (MAXIMIANO, 2002, p. 40), que pode ser físico, conceito, evento ou, ainda, uma combinação dos três. Ou seja, é a habilidade de sincronizar o custo, o prazo, o escopo e a qualidade do projeto.

Existem no mercado de formação profissional inúmeros cursos destinados à aprendizagem de elaboração, gestão e avaliação de projetos. Hoje, no âmbito da iniciativa privada, temos o *Project Management Institute* (PMI), uma das diversas organizações que trata exclusivamente de gerenciamento de projetos. Sem fins lucrativos, criada em 1969 nos EUA, evoluiu concomitantemente à ciência de gerenciamento de projetos com a missão de "promover o profissionalismo e a ética em gestão de projetos". Possui representações em vários países e seu padrão de gerenciamento de projetos é reconhecido pelo *American National Standards Institute* (ANSI). O PMI materializou o conceito de gerenciamento de projetos por meio de uma padronização universal: o *Project Management Body of Knowledge – PMBOK® Guide*. Trata-se de um guia que identifica e nomeia processos, áreas de conhecimento, técnicas, regras e métodos. O *PMBOK® Guide* pressupõe que, durante o ciclo de vida, tem-se o envolvimento com o gerenciamento do trabalho e do produto, bem ou serviço desenvolvido, analisando-o com dois enfoques: (1) a divisão de trabalho em etapas; e (2) em cada etapa a ocorrência de processos gerenciais que podem abranger até dez áreas de conhecimento.

No âmbito da iniciativa pública e do terceiro setor, encontramos as metodologias que se destinam à área de desenvolvimento social. Por muito tempo esses setores adotaram metodologias de planejamento e gestão adaptadas da iniciativa privada, porém, a partir dos anos 1980 surgiram alguns instrumentos – por exemplo, o *Logical Framework* (estrutura lógica ou marco lógico, ou ainda enfoque marco lógico), criado pela Agência de Cooperação Americana, que estabelece parâmetros para o planejamento, a avaliação e a gestão de projetos sociais. Recentemente, surgiu o PMD (*Project Management for Development*), uma metodologia desenvolvida pela LINGOS, instituição criada por uma rede de 75 organizações não governamentais (ONGs) internacionais, que perceberam que a gestão de projetos é uma competência chave das organizações sociais e adaptaram o *PMBOK® Guide* para o setor de desenvolvimento. A certificação internacional, realizada pela APMG, foi lançada em 2010 e está disseminada nos cinco continentes.

Além de conhecer metodologias e instrumentos para elaboração e gestão de projetos, é necessário compreender que utilizamos a estrutura de projetos para entregar um resultado que pode ser um produto físico, um conceito ou eventos.

Produtos físicos referem-se aos bens tangíveis, como, por exemplo, play-ground, um espaço lúdico ou ludoteca, um parque temático, brinquedos e jogos, um cenário interativo, bufês, entre outros.

Produtos conceituais são intangíveis, traduzem ideias, conceitos, elaboração de teorias, processos, como, por exemplo, roteirizar uma peça teatral, um musical, criar programação para clubes, centros culturais, etc.

Eventos consistem na realização de atividades ou serviços. É a própria execução da atividade, como, por exemplo, planejar, organizar e executar estudos, pesquisa, cursos, seminários, jornadas de estudos, Jogos Olímpicos, Copa do Mundo, Fórmula I, carnaval, viagens e expedições, exposição de arte, entre outros.

Portanto, ao escolher uma fonte de financiamento é necessário avaliar e encontrar ressonância em produtos, serviços ou ideias a desenvolver e entregar por meio de projetos.

Sugerimos que os diversos instrumentos ou metodologias de elaboração de projetos, tanto na iniciativa privada quanto na pública e no terceiro setor, sejam apropriados à gestão do lazer e do entretenimento, assim como conhecimentos e habilidades sobre liderança, gestão do conhecimento, gestão do tempo, gestão emocional, além dos demais temas apresentados neste livro, com o objetivo de contribuir para a construção da competência gestora.

Importante ressaltar que essa breve explanação sobre as competências necessárias para o gestor frente à captação de recursos não esgota os conhecimentos acerca do assunto. Tampouco define o gestor de lazer e entretenimento como o responsável pela captação de recursos, mas esclarece sobre a possibilidade de sua atuação dialogada com a área específica de captação de recursos, presente nas organizações. Sendo assim, além de conhecer elaboração, finalidade, tipologia, metodologias e gestão de projetos, também conhecer as diversas fontes de financiamento para o lazer e o entretenimento, seus critérios e possibilidades, é condição primeira para elaborar projetos coerentes e exitosos. É nesse contexto que passamos a apresentar o cenário de financiamentos e leis de incentivo nas principais áreas em que se concretizam as propostas de lazer e entretenimento.

6.1. As leis de incentivo no Brasil e a captação de recursos

Leis de incentivo e outros mecanismos e instrumentos legais existem para assegurar os direitos por meio de projetos financiados. Como vimos, os projetos em todos os setores são o primeiro passo para a mobilização de recursos que serão empenhados para a consecução de objetivos das políticas públicas e privadas, onde também se inclui a área do lazer e do entretenimento. As Leis de Incentivo, fundos e programas são hoje os principais caminhos pelos quais mobilizamos recursos físicos, financeiros, serviços e bens entre os diversos atores sociais, as pessoas, empresas, organizações e órgãos do governo.

Na Tabela 1 registramos que a Lei Rouanet (Lei nº 8.313/91) permite a destinação de 6% do IRPF (Imposto de Renda de Pessoas Físicas) e 4% do IRPJ (Imposto de Renda de Pessoas Jurídicas) a projetos culturais. Com a Lei de Incentivo ao Esporte (Lei nº 11.438/06), até 6% do IRPF podem ser destinados a projetos paradesportivos e desportivos; de empresas tributadas com base no lucro real, a dedução pode ir até 1% do IRPJ. Somente para este último o benefício não compete com outros benefícios fiscais. Já o Fumcad (Fundo Municipal dos Direitos da Criança e do Adolescente, Lei Federal nº 8.069/90 e Lei Municipal nº 11.247/92) permite dedução até o limite de 1% do IRPJ e 6% do IRPF e também não compete com outros incentivos. A Lei nº 12.213/2010, que institui o Fundo Nacional do Idoso, faculta à pessoa jurídica a dedução do IR devido, em cada período de apuração, do total das doações feitas aos Fundos Nacional, Estaduais ou Municipais do Idoso, benefício que não poderá ultrapassar 1% do imposto devido quando somado ao relativo às doações aos Fundos dos Direitos da Criança e do Adolescente e, ainda, não poderá ser deduzido como despesa operacional. Por fim, os mais recentes, o Programa Nacional de Apoio à Atenção Oncológica (Pronon) e o Programa Nacional de Apoio à Atenção da Saúde da Pessoa com Deficiência (Pronas/PCD), instituídos pela Lei nº 12.715/12, implantados pelo Ministério da Saúde, permitem que empresas tributadas pelo lucro real e pessoas físicas optantes pelo modelo de declaração completa destinem até 1% do seu imposto de renda a projetos de entidades filantrópicas na área oncológica, em cada programa. As pessoas físicas também podem utilizar o incentivo fiscal para aumentar o valor do imposto a restituir. As doações a projetos aprovados no Pronon não impedem que empresas utilizem outros mecanismos de dedução fiscal.

Tabela 1. Isenção fiscal nas leis de incentivo. Fonte: Lilac Consultoria (2015).

Leis/Fundos/Programas	Isenção fiscal (PF* e PJ**)
Lei Rouanet	*6% e **4% para investimento em projetos culturais
Lei de Incentivo ao Esporte	*4% e **1% para investimento em projetos esportivos
Fumcad	*6% e **1% para projetos que beneficiem a criança e o adolescente
Lei do Idoso	1% para projetos que beneficiem o idoso
Pronon	1% para projetos relacionados à oncologia
Pronas/PCD	1% para projetos que beneficiem a pessoa com deficiência

Esse cenário nos mostra as possibilidades que temos para implementar ações de lazer e entretenimento nas cidades e que o gestor deve se apropriar de conceitos e ferramentas, além de analisar o contexto sociocultural em que atua, para empreender projetos coerentemente, de acordo com a população-alvo, bem como com o resultado que se quer entregar, como vimos anteriormente.

Consideramos que as áreas de cultura e esportes, institucionalizadas nos órgãos públicos, são responsáveis por representativa proporção das ações de lazer e entretenimento no país e que já possuem mecanismos amplamente utilizados para garantir acesso da população aos bens culturais. Disso decorrem as leis de incentivo à cultura e ao esporte, das quais passamos a apresentar breve análise.

6.2. A Lei de Incentivo ao Esporte

Lei de Incentivo ao Esporte (LIE) tornou-se mais um instrumento importante para o desenvolvimento do esporte brasileiro em todos os níveis. É um instrumento pelo qual pessoas físicas e jurídicas podem incentivar projetos esportivos e paradesportivos por meio de doações ou patrocínios, usando para isso um percentual a ser descontado do valor devido ao imposto de renda (Tabela 1). Projetos relacionados ao esporte de rendimento, praticado de modo profissional, onde os atletas possuem contratos de trabalho com entidades de prática desportiva, são impedidos de captar recursos pela Lei de Incentivo ao Esporte. A lei também veda a captação de recursos para a aquisição de espaços publicitários, sendo, entretanto, autorizadas despesas relativas à divulgação do projeto, tais como folhetos, cartazes e faixas, desde que diretamente justificada sua necessidade no projeto proposto e obedecida a proporção definida na lei.

Esta lei foi sancionada em 29 de dezembro de 2006 e implementada em 2007, sendo que até o ano 2012 destinou mais de R$ 869 milhões para projetos voltados ao esporte de participação, representado pelo lazer, ao esporte como instrumento de educação e realizado no âmbito escolar, e ao alto rendimento. Teve o primeiro prazo expirado no fim de 2015, mas teve prorrogação aprovada pelo Senado pelo texto da Medida Provisória 671 (MP do Futebol), na qual está inserida a renovação da LIE. Com a prorrogação, cerca de R$ 400 milhões serão autorizados por ano, até 2022, para investimento direto no esporte.

A Tabela 2 nos mostra os valores aprovados pela Lei de Incentivo ao Esporte no ano 2011, época em que o país já se preparava para sediar os eventos Copa do Mundo, Olimpíadas e Paralimpíadas. Observamos uma concentração de projetos aprovados na região sudeste, que pode ser associada à quantidade de projetos apresentados de acordo com o tamanho e o contingente dessa região. Contudo, o movimento que sugerimos ter maior responsabilidade nesse avanço é dos megaeventos mencionados. Somente o Rio de Janeiro, sede das Olimpíadas e Paralimpíadas, apresenta o total de R$ 64.832.184,86 aprovados para o ano, com o esporte de rendimento colaborando com mais de 60% desse valor.

126 Gestão do Lazer e do Entretenimento

Surge aqui mais uma possibilidade de acompanhamento e pesquisa no campo para incremento dos estudos sobre os legados e impactos dos megaeventos esportivos, que já existem no Brasil desde 1937 (COSTA, 2010).

Tabela 2. Valores aprovados na Lei de Incentivo ao Esporte em 2011.
Fonte: adaptado de Ministério dos Esportes, 2016.

Estado	Participação		Rendimento		Educacional		Total por estado
	Qtd de Projeto	Valor R$	Qtd de Projeto	Valor R$	Qtd de Projeto	Valor R$	
Acre	0	0	0	0	0	0	-
Alagoas	1	138.025,88	0	0	0	0	138.025,88
Amazonas	0	0	0	0	1	237.469,80	237.469,80
Amapá	0	0	1	50.000,00	0	0	50.000,00
Bahia	0	0	2	114.728,85	1	66.037,60	180.766,45
Ceará	3	709.927,41	3	530.925,25	1	157.011,66	1.397.864,32
Distrito Federal	0	0	4	3.205.781,74	1	446.000,00	3.651.781,74
Espírito Santo	1	102.000,00	7	1.816.986,12	0	0	1.918.986,12
Goiás	0	0	12	1.141.749,46	2	120.000,51	1.261.749,97
Maranhão	1	156.994,20	1	1.043.655,67	0	0	1.200.649,87
Minas Gerais	11	2.302.217,36	29	18.619.238,11	9	751.700,48	21.673.155,95
Mato Grosso do Sul	0	0	0	0	0	0	-
Mato Grosso	0	0	0	0	0	0	-
Pará	0	0	4	5.979.858,06	0	0	5.979.858,06
Paraíba	0	0	1	171.000,00	1	500.000,00	671.000,00

Estado	Participação		Rendimento		Educacional		
	Qtd de Projeto	Valor R$	Qtd de Projeto	Valor R$	Qtd de Projeto	Valor R$	Total por estado
Pernambuco	1	262.439,86	1	131.429,22	0	0	393.869,08
Piauí	0	0	0	0	1	20.000,00	20.000,00
Paraná	4	422.300,00	30	8.321.038,24	5	741.132,96	9.484.471,20
Rio de Janeiro	13	11.985.541,28	60	41.259.797,38	15	11.586.846,20	64.832.184,86
Rio Grande do Norte	0	0	4	601.030,82	1	1.000,00	602.030,82
Rondônia	0	0	0	0	1	230.000,00	230.000,00
Roraima	0	0	0	0	0	0	-
Rio Grande do Sul	7	1.048.615,27	33	4.467.967,11	6	779.107,27	6.295.689,65
Santa Catarina	9	2.304.237,62	17	5.766.268,86	13	2.242.106,08	10.312.612,56
Sergipe	0	0	0	0	0	0	-
São Paulo	51	19.287.763,58	95	37,00		17.254.664,59	36.542.465,17
Tocantins	1	219.729,00	0	0	0	0	219.729,00
Total	103	38.939.791,46	304	93.221.491,89	58	20.505.877,94	152.667.161,29

Consideramos que as três categorias a que se refere à Lei de Incentivo ao Esporte (participação, educacional e rendimento) incentivam o lazer da sociedade. O esporte educacional, desenvolvido no âmbito das escolas, pode criar e incentivar o gosto pelo esporte e a sua prática, mesmo após os anos escolares, como lazer esportivo. O esporte de rendimento é motivo de grandes mobilizações de espectadores, que usufruem seu lazer nos espetáculos esportivos em todas as modalidades e níveis. E, por fim, a categoria que é tratada como o próprio lazer, o maior incentivo para a prática democrática do esporte, o esporte de participação, promovido através dos incentivos e diversos programas e projetos em todas as esferas de governo para as cidades.

Apesar da constatação de impacto do esporte de rendimento na cidade sede, o esporte de participação recebe impactos visíveis nos últimos tempos e representa aproximadamente 26% do total aprovado, sendo 13% para o esporte educacional e 26% para o rendimento.

Como vimos, a questão do legado dos megaeventos esportivos é discutida há muito tempo, mesmo desde antes da captação para as Olimpíadas e a Copa do Mundo. Muitas produções trazem forte vinculação dos megaeventos esportivos ao esporte, ao turismo, ao lazer, ao ambiente; enfim, aos vários elementos sociais e culturais da urbanização. Os legados passam desde instalações, que são otimizadas para prolongamento de projetos sociais, culturais e esportivos, até os impactos no comportamento das pessoas, o que acreditamos que pode permanecer para além da vontade de assistir a belos espetáculos durante a realização dos eventos mencionados.

Assim, podemos observar na Tabela 3 a progressão nos valores aprovados para captação de recursos para o esporte de participação desde 2011. Somente em quatro meses do ano 2016 foi aprovado mais de 50% do total aprovado no primeiro ano. Esse cenário reforça a ideia da priorização do esporte de lazer nas estratégias de democratização do esporte por iniciativas sociais.

Tabela 3. Valores captados e aprovados pelo esporte de participação através da Lei de Incentivo ao Esporte – São Paulo. Fonte: BRASIL. Ministério do Esporte[4].

Esporte de participação – São Paulo		
Ano	Valor captado	Valor total aprovado
2011	R$ 19.287.763,58	R$ 40.333.461,01
2012	R$ 15.494.570,97	R$ 32.887.943,01
2013	R$ 21.266.093,02	R$ 44.286.342,01
2014	R$ 21.455.400,38	R$ 42.404.257,01
2015	R$ 28.592.511,77	R$ 57.390.755,01
2016	R$ 8.831.452,18	R$ 28.823.031,01

---

[4] Disponível em: <http://www.esporte.gov.br/index.php/institucional/secretaria-executiva/lei-de-incentivo-ao-esporte/consulta-recursos-captados>. Acesso em: 29 jun. 2016.

6.3. As leis de incentivo à cultura

A captação de recursos surge como atividade nos processos de caridade, doação, mecenato. No entanto, captar recursos, fechar contratos e buscar clientes são atividades comuns no mundo dos negócios. Após a década de 1980, instituições culturais e sociais passaram a refletir sobre os processos dos projetos, buscando compreender a captação de recursos como parte do instrumento de gestão. Assim, muitas ações se transformaram em políticas culturais, como o entendimento da democratização cultural, da cultura popular, do fortalecimento do audiovisual e das telecomunicações. A primeira mudança nos critérios de distribuição de fundos acontece após o reconhecimento da distância entre as belas artes e o cotidiano das pessoas, contexto em que aparecem as primeiras leis de incentivo para estimular as doações para instituições de belas artes em um período onde a cultura popular passou a disputar os recursos públicos da cultura.

Os Estados Unidos, com o sistema de agências de artes que distribuem os recursos, desde 1970 procuraram entender a dependência de certas instituições de arte em relação aos recursos doados pelas fundações. E, assim, iniciou-se o processo de compreender a captação de recursos como a tarefa de viabilizar projetos, sejam eles culturais, sociais ou de esportes. No Brasil, as leis de incentivo foram iniciadas na década de 1980, com a Lei Sarney. Foi a primeira política cultural do governo democrático, mas a captação de recursos entendida como uma profissão aparece com o fortalecimento do terceiro setor e das leis de incentivo à cultura. Mas foi somente depois de 1997, após a mudança da Lei Sarney para a Lei Rouanet, que a função do captador de recursos começa a se destacar. É importante deixar claro aqui que o captador busca recursos para diferentes projetos. No entanto, é na captação de recursos para projetos culturais no Brasil que aparecem as melhores oportunidades de negócios para esses intermediários. Dessa forma, vamos falar da captação de recursos de projetos culturais, mas os argumentos e observações podem ser aplicados para entender o processo da captação de recursos como um todo.

Há quase trinta anos, o Brasil possui um conjunto de leis de incentivo à cultura, municipais, estaduais e federais que, ao longo desse tempo, promoveu o desenvolvimento das políticas culturais, que, aplicadas à área de comunicação, aumentaram a participação da iniciativa privada no financiamento da arte e da cultura. São vários os debates em torno do tema, principalmente no que se refere ao papel da iniciativa privada nesse processo. A Lei Federal de Incentivo à Cultura (Lei nº 8.313, de 23 de dezembro de 1991), conhecida também como Lei Rouanet, é um instrumento muito importante para o fomento da cultura e o mercado de gestão cultural, que cresceu progressivamente nos últimos anos. Originada para substituir a antiga Lei Sarney (Lei nº 7.505, de 2 de julho de 1986), foi responsável pela consolidação de práticas de patrocínio que conduziram as políticas culturais nos últimos vinte anos. A Lei Sarney e, consequentemente, a lei Rouanet foram criadas para incentivar a participação da iniciativa privada na produção cultural brasileira. Após a gestão do ministro da cultura Francisco Weffort, que criou os artigos 18º e 16º para a Lei Rouanet, ocorreu um grande aumento da participação da iniciativa privada na dinâmica das políticas culturais brasileiras, principalmente motivado pela possibilidade de isenção fiscal de até 100% do valor investido, o que diminuiu radicalmente o valor de investimento sem renúncia fiscal.

Isso trouxe uma vantagem para as empresas privadas investirem em cultura, uma vez que são essas empresas que selecionam quais projetos serão patrocinados e posteriormente receberão todo o valor investido em forma de renúncia fiscal. Esse aspecto trouxe uma controvérsia muito grande na gestão dos recursos incentivados, pois as empresas, interessadas em usar o patrocínio como ferramenta de comunicação, apostam nos projetos de maior visibilidade e utilizam os recursos públicos, na maioria das vezes, para patrocínios de grandes produções que privilegiam, no geral, produtos da indústria cultural de massa e não os bens culturais produzidos pela classe artística brasileira. Entendemos aqui por produtos da indústria cultural de massa aqueles desenvolvidos por artistas e/ou empresas vinculadas, ou com fácil acesso, aos meios de comunicação de massa, que reproduzem um padrão estético e comercial vigente com o objetivo de produzir e vender em grande escala, priorizando acima de tudo o lucro. Portanto, pensa-se que uma lei de incentivo e os recursos públicos devem ser utilizados como ferramentas para o fortalecimento da classe artística brasileira, como instrumentos para a promoção da arte e da cultura brasileira propriamente dita, sem necessariamente ter objetivos comerciais e mercadológicos em grande escala.

Entre 1993 e 2013, a atuação das empresas privadas como investidoras em projetos culturais apresentou grandes oscilações, porém um grande número de empresas se beneficiou com as isenções fiscais. A Tabela 4 apresenta os valores totais captados durante os anos de 1993 e 2013 e separa os valores provenientes de renúncia fiscal e os valores investidos com recursos próprios da iniciativa privada. Podemos observar que o ano de 1997 apresentou o maior volume investido com recursos próprios da iniciativa privada. Nesse ano, a iniciativa privada aportou R$ 139.598.970,20 de recursos sem renúncia fiscal, sendo que o valor total captado foi de R$ 207.949.307,41. Dessa forma, a iniciativa privada investiu 67,13% do valor total. Já em 2012, o valor total captado na iniciativa privada foi de R$ 1.265.994.133,66 – portanto, 83,57% maior do que o valor total captado em 1997. Porém, o investimento de recursos diretos da iniciativa privada nesse ano foi de R$ 81.252.277,89, representando apenas 6,42% do total de investimentos em 2012 e 71,81% menor do que o valor investido diretamente pela iniciativa privada em 1997. Isso nos mostra como os investidores reagiram após a assinatura da Medida Provisória nº 1.589, de 24 de setembro de 1997, que institui o artigo 18º permitindo a isenção fiscal de 100% do valor investido em projetos culturais de algumas linguagens artísticas.

Tabela 4. *Valores da captação de recursos de 1993 a 2013, separada por valores.*
Fonte: Sistema Salic Net.[5]

Ano	Captação total	Valor da renúncia fiscal	Valor do recurso privado
1993	R$ 21.212,78	R$ 6.363,83	R$ 14.848,95
1994	R$ 533.751,57	R$ 166.531,47	R$ 367.220,10
1995	R$ 12.913.764,52	R$ 4.344.258,73	R$ 8.569.505,79
1996	R$ 111.703.236,39	R$ 36.825.531,24	R$ 74.877.705,15
1997	R$ 207.949.307,41	R$ 68.350.337,22	R$ 139.598.970,20
1998	R$ 232.573.368,83	R$ 95.405.041,78	R$ 137.168.327,05
1999	R$ 211.370.509,24	R$ 111.244.685,68	R$ 100.125.823,56
2000	R$ 290.013.845,79	R$ 186.454.528,51	R$ 103.559.317,29
2001	R$ 368.051.066,04	R$ 236.113.700,18	R$ 131.937.365,86
2002	R$ 344.613.923,65	R$ 263.308.924,95	R$ 81.304.998,70
2003	R$ 430.843.947,10	R$ 359.179.929,38	R$ 71.664.017,72
2004	R$ 511.748.402,00	R$ 442.932.260,09	R$ 68.816.141,91
2005	R$ 725.551.102,39	R$ 634.791.095,58	R$ 90.760.006,81
2006	R$ 854.122.869,48	R$ 762.045.325,02	R$ 92.077.544,46
2007	R$ 989.825.497,83	R$ 883.996.677,47	R$ 105.828.820,36
2008	R$ 963.301.937,68	R$ 877.878.849,34	R$ 85.423.088,34
2009	R$ 980.038.305,72	R$ 894.379.685,55	R$ 85.658.620,18
2010	R$ 1.166.352.192,00	R$ 1.063.762.938,00	R$ 102.589.254,00
2011	R$ 1.322.387.335,06	R$ 1.223.226.062,40	R$ 99.161.272,66
2012	R$ 1.265.994.133,66	R$ 1.184.741.855,77	R$ 81.252.277,89
2013	R$ 237.618.056,75	R$ 214.389.377,61	R$ 23.228.679,15

---

[5] Disponível em: <http://sistemas.cultura.gov.br/salicnet/Salicnet/Salicnet.php>. Acesso em: 29 jun. 2016.

Ao observar os números apresentados, reconhecemos que durante os anos de 1994, 1995 e 1996 houve registro dos maiores índices de crescimento do mercado, entre 90% e 80% por ano. O mercado de captação manteve-se em crescimento durante os anos de 1997 e 1998, registrando uma marca inferior ao período anterior, porém com crescimento de 46,28% e 10,59%. Em 1999, apresentou-se a primeira queda no valor total investido através da Lei Rouanet, porém já em 2000 e 2001 o mercado reagiu registrando índices de 27,12% e 21,20% de crescimento. Em 2002, novamente uma queda de 6,80% no volume de investimento, seguido de aumento entre 2003 e 2007, de 29% a 13%. Em 2008, com a crise internacional e a queda nos lucros, o mercado apresentou um decréscimo de 2,75%, voltando a reagir em pequena proporção em 2009, com 1,71%. 2010 apresentou um índice de crescimento de 15,97% e 2011, 11,80%, registrando o maior volume de recursos da história. Em 2012 registrou-se uma queda de 4,45% no valor dos investimentos na Lei Rouanet em relação a 2011. Segundo a constituição da lei de incentivo à cultura nacional, as empresas, para investirem em projetos aprovados, pagam tributos com base no seu lucro real e o percentual investido é calculado sobre o imposto de renda a pagar. Assim, reconhecemos que o crescimento ou retrocesso do mercado também é pautado pelo desenvolvimento econômico do ano em questão.

Portanto, se considerarmos os volumes de recursos, podemos afirmar que temos um mercado de captação de recursos para projetos culturais e uma circulação financeira proporcionada pela Lei Rouanet, que criou um mercado constituído por empresas privadas que investem, empresas proponentes e produtoras de projetos e os agenciadores de projetos, que são os captadores de recursos. Os captadores de recursos são pessoas que fazem a intermediação entre os proponentes de projetos e as empresas investidoras.

Considerando o aumento da participação das empresas brasileiras e os recursos aportados em cultura, podemos pensar que esse crescimento, entre outros fatores, deu-se pela divulgação das ferramentas de financiamento público e pelo aumento da participação da classe cultural como proponente de projetos, impacto causado pelas facilidades de apresentação e aprovação de projetos por parte do Ministério da Cultura. Por outro lado, acreditamos que houve maior conscientização e reconhecimento das empresas em relação aos benefícios fiscais e institucionais oferecidos pelas leis de incentivo. De acordo com o Portal Transparência do Governo Federal, as empresas brasileiras pagaram, em 2011, o total de R$ 94.156.736.762,39 e, em 2012, R$ 86.562.087.488,44 de imposto de renda líquido de incentivos à Receita Federal. De acordo com DIPJ 2004 (Consolidação da Declaração do Imposto de Renda das Pessoas Jurídicas), as pessoas jurídicas que tributaram com base no lucro real representaram 5,97% do total de empresas e pagaram 80,79% do total do imposto recolhido pela Receita Federal no ano de 2004[6]. Pensando dessa forma, considerando o dado apresentado no documento DIPJ 2004 sobre o percentual pago pelas empresas que tributam com base no lucro real e o valor total dos impostos pagos pelas empresas brasileiras em 2011 e 2012 publicados no portal Transparência, podemos calcular que os valores aproximados de R$ 76.069.227.630,33 (em 2011) e R$ 69.933.510.481,91 (em 2012) foram pagos à Receita Federal pelas empresas que tributam com base no lucro real. Se a lei de incentivo à cultura permite que a empresa invista até 4% do imposto de renda a pagar, calculamos que poderiam ser captados no mercado os recursos totais de R$ 3.042.769.105,21 em 2011 e R$ 2.797.340.419,28 em 2012, sem considerar os limites anuais de renúncia fiscal sugeridos pela Lei de Diretrizes Orçamentárias[7].

---

[6] Não foi possível encontrar documento recente que oferecesse um dado sobre a relação entre pessoas jurídicas que tributam com base no lucro real com a de lucro presumido sob o total de empresas brasileiras e os impostos recolhidos. Fonte: RECEITA FEDERAL. **Consolida DIPJ 2004:** Consolidação da Declaração do Imposto de Renda das Pessoas Jurídicas – 2004. Disponível em: <http://www.receita.fazenda.gov.br/Publico/estudotributarios/estatisticas/DIPJ2004.pdf>. Acesso em: 29 jun. 2016.

[7] Como consta no parágrafo 7º da Lei Rouanet, sobre os limites da renúncia fiscal aprovados pelo Ministério da Fazenda e publicados pela Lei de Diretrizes Orçamentárias e regulados durante o ano pela Lei Orçamentária Anual, a qual limita os recursos autorizados pelo Ministério da Fazenda para a renúncia fiscal de cada ano.

134 Gestão do Lazer e do Entretenimento

Tabela 5. Participação das empresas na Lei Rouanet – Potencial e Real 2011-2013. Fontes: Portal da Transparência do Governo Federal[8], Sistema Salic Net[9] e Consolida DIPJ 2004[10].

Relação entre o total de investimento possível e o investido realizado	2011 R$	2012 R$	2013 R$
Total de impostos pagos pelas pessoas jurídicas no Brasil	94.156.736.762,39	86.562.087.488,44	101.902.006.295,78
Total de imposto pago por empresas com base no lucro real – projeção calculada	76.069.227.630,33	69.933.510.481,91	82.326.630.886,36
Total que poderia ter sido investido pelas empresas com base no lucro real – projeção 2011	3.042.769.105,21	2.797.340.419,28	3.293.065.235,45
Valor aprovado pelo Ministério da Cultura para captação de recursos	6.625.918.293,10	5.366.119.048,86	6.304.361.259,11
Percentual do que poderia representar o índice de captação de recursos em relação a todo o orçamento aprovado, caso fossem utilizados todos os recursos permitidos por lei	46%	52%	52%
Total investido por pessoa jurídica em 2011	1.322.077.920,84	1.244.510.591,23	1.233.684.841,44
Total de empresas que tributam com base no lucro real		178.723	
Percentual das empresas que investiram em leis de incentivo em 2011	2%	2%	2%
Total de empresas que investiram em 2011	3233	3194	3443
Percentual dos recursos disponíveis que foram utilizados	43%	44%	37,46%

De acordo com o Sistema Salic Net, foram investidos R$ 1.322.077.920,84 e R$ 1.244.510.591,23 em lei de incentivo nos anos de 2011 e 2012. Se tomar-

---

[8] Disponível em: <http://www.portaltransparencia.gov.br/receitas/consulta.asp?idHierarquiaOrganizacao=24971&idHierarquiaDetalhe=0&idDirecao=0&idHierarquiaOrganizacao0=1&idHierarquiaOrganizacao1=24868&idHierarquiaDetalhe0=0&Exercicio=2011>. Acesso em: 29 jun. 2016.

[9] Disponível em: <http://sistemas.cultura.gov.br/salicnet/Salicnet/Salicnet.php>. Acesso em: 29 jun. 2016.

[10] Consolidação da Declaração do Imposto de Renda das Pessoas Jurídicas – 2004. Disponível em: <http://www.receita.fazenda.gov.br/Publico/estudotributarios/estatisticas/DIPJ2004.pdf>. Acesso em: 29 jun. 2016.

mos esses valores como referência, esse investimento representa 43% e 44% do tamanho do mercado de captação, ou seja, menos da metade do valor que poderia ser investido em cultura. De acordo com o DIPJ 2004, naquela época o Brasil tinha 178.723 empresas que tributavam com base em lucro real. Não foi possível localizarmos outro documento de ano mais recente que apresentasse o número de empresas que tributam como base no lucro real e a representação do imposto de renda pago por essas empresas em relação ao valor total recolhido pela Receita Federal. Segundo o sistema, os percentuais que representam a relação entre os orçamentos aprovados e os valores captados ficam em média de 30%. Na Tabela 6 estão as somas dos valores apresentados, aprovados e captados de todas as áreas culturais dos anos 2008, 2009, 2010, 2011, 2012 e 2013, e reconhecemos que, em média, 56% dos valores apresentados são aprovados no Ministério da Cultura. A área que mais aprova projetos é a de Humanidades, no entanto é a que menos consegue captação de recursos. Já a área de Patrimônio Cultural é a que tem o maior índice de reprovação entre os projetos apresentados e aprovados, mas é a que tem maior índice de captação.

Tabela 6. Total do valor captado, aprovado e apresentado por área – soma dos valores dos anos 2008 até 2013. Fonte: Sistema Salic Net[11].

Áreas culturais	(a) Captação R$	(b) Aprovação R$	(c) Apresentação R$	(a)/(b) %	(c)/(b) %
Artes Cênicas	1.278.943.548,52	6.221.890.323,66	7.887.333.559,76	20,56	79
Artes Integradas	841.052.178,41	1.626.358.298,29	4.033.841.169,05	51,71	40
Artes Visuais	554.051.561,96	2.230.183.360,06	3.341.550.693,78	24,84	67
Audiovisual	558.298.950,51	1.822.298.621,63	2.893.058.118,18	30,64	63
Humanidades	488.897.490,82	3.799.004.879,33	3.240.623.536,72	12,87	117
Música	1.271.414.625,03	4.793.340.134,83	8.456.166.479,83	26,52	57
Patrimônio Cultural	802.633.079,62	983.888.738,05	4.006.414.002,14	81,58	25

[11] Disponível em: <http://sistemas.cultura.gov.br/salicnet/Salicnet/Salicnet.php>. Acesso em: 29 jun. 2016.

6.4. A importância da diversificação das fontes de receitas

O professor Oliver Scheytt, em sua aula "Processes in Cultural Marketing", apresenta uma perspectiva de gerenciamento de instituições culturais em matéria de política de produtos, preços, comunicação e distribuição. Ressalta que as prioridades podem ser diferentes quando uma instituição é com ou sem fins lucrativos. As empresas com fins lucrativos buscam o lucro, e, assim, os processos de comunicação são totalmente voltados para a colocação do produto ou serviço no mercado comercial, buscando uma relação de troca de valor. Já em museus e organizações sem fins lucrativos, o processo de marketing desempenha um papel de mediador da audiência.

Para o professor, o desenvolvimento de audiência é um processo de gestão inteligente que combina políticas de produtos e comunicação. A programação e a comunicação são destinadas para o público externo, ao passo que a produção e a administração são para membros internos. A gestão dos processos em marketing são as campanhas interna e externa, que significam orquestrar a implantação de meios da gestão da marca – *branding* da instituição. Salienta que os elementos-chave dos processos de marketing cultural são: identificação – criação de identidade; marca – o posicionamento no mercado; e audiência – público. É uma situação complexa entre um conjunto de protagonistas internos, a organização cultural e as partes externas interessadas: acionistas, amigos e simpatizantes, mecenas e patrocinadores. (Scheytt, 2015)[12]. Acrescenta que toda marca tem uma narrativa de mercado e que, independentemente se a organização cultural é com ou sem fins lucrativos, ela disputa o mesmo público do mercado de lazer, que irá investir seu tempo e dinheiro. Afirma que algumas marcas de instituições culturais, com ou sem fins lucrativos, contribuem para a construção da imagem das cidades no mundo contemporâneo. E, por fim, define que marketing cultural é o processo integral do gerenciamento do conceito cultural da instituição como um todo. O mais importante é criar uma marca forte com uma narrativa que envolva todos os públicos e mobilize o potencial endógeno de cada agente,

---

[12] SCHEYTT, O. Processes in cultural marketing. Managing the Arts: Marketing for Cultural Organizations. Leuphana Digital School Goethe-Institut e Alumniportal Deutschlan. Disponível em: <http://digital.leuphana.com/courses/managing-the-arts/looking-back/>. Acesso em: 08 jul. 2016.

seja ele parte dos profissionais, público, artistas, patrocinadores ou apoiadores (Scheytt, 2015).

Já Arjo Klamer, ministrando "Thinking in terms of four spheres", apresenta quatro esferas que os artistas, grupos artísticos, museus, etc. devem buscar para alcançar a valorização de seu trabalho artístico. Na **esfera da casa**, que se refere à própria estrutura interna da instituição, os colaboradores devem acreditar na instituição, em sua missão, em sua narrativa. Para entender essas esferas e especialmente as diferenças, o professor apresenta as diferentes lógicas que compõem esse processo. A estrutura interna deve dar suporte para buscar o encontro com a esfera social. Essa esfera representa o principal diálogo da arte e da cultura com a sociedade. As relações estabelecidas na esfera social podem não produzir recursos financeiros, mas estabelecem uma relação de interesse, relevância e importância entre a instituição, a narrativa e o público, capaz de provocar o engajamento de diferentes ações de mobilização que podem não garantir resultados financeiros, mas são importantes para alcançar determinados objetivos (Klamer, 2015)[13].

A **esfera do mercado** que capitalizará a produção da arte é uma transação baseada na escolha do outro. Muitas vezes os artistas têm dificuldade para valorizar a sua arte na esfera do mercado. A esfera de mercado pode ser vista pela perspectiva da venda do bem simbólico em si, como um quadro, ingressos para uma peça ou show, ou através de compra de produtos agregados, como lanchonetes e restaurantes, lojas de suvenir, estacionamento, entre outros. A **esfera social** pode dialogar com a esfera comercial na medida em que a busca por recursos também é uma forma de estabelecer uma relação com o público. Mas, nesse caso, o que se compra é uma narrativa, uma experiência, e não um bem de consumo qualquer.

A doação para uma instituição, seja de trabalho voluntário, divulgação espontânea ou doação em recursos financeiros, é uma ação que se dá na **esfera social**, mas de alguma forma estabelece uma relação de mercado. As relações sociais e de mercado podem ser estabelecidas com os públicos externo e interno da instituição; a participação de todos para a manutenção e para a sustentabilidade da instituição cultural faz parte da estrutura dinâmica da gestão cul-

---

[13] KLAMER, A. Thinking in terms of four spheres. Managing the Arts: Marketing for Cultural Organizations. Leuphana Digital School Goethe-Institut e Alumniportal Deutschlan. Disponível em: <http://digital.leuphana.com/courses/managing-the-arts/looking-back/>. Acesso em: 08 jul. 2016.

tural. O diálogo entre as esferas institucionais, sociais e de mercado também pode ser estabelecido a partir da organização das relações entre artista, gestor, arte, trabalho e público. É a administração estratégica dessas relações que representa uma das principais funções do marketing cultural. Outra **esfera de diálogo é a do governo**. A administração pública dialoga com as instituições, seja no financiamento ou fomento a políticas culturais, seja defendendo a justiça entre os diferentes agentes e instâncias, com programas de bem-estar, requalificação urbana ou de subsídios para as artes. Os processos de marketing cultural, segundo Klamer (2015), devem contemplar ambas as esferas, mas é a esfera social que deverá conduzir a sua organização.

Os parágrafos anteriores estão aqui colocados de forma provocativa e desafiadora, com o objetivo de criar uma nova conexão com o capítulo sobre marketing cultural e esportivo. Impossível pensar em captação de recursos sem pensar no marketing – e, no caso do lazer e do entretenimento, no marketing cultural e esportivo. São roteiros que se cruzam e que são imprescindíveis para potencializar e compreender a dinâmica de mercado.

Como anunciado na introdução, este capítulo é dedicado aos desafios que o gestor do lazer e do entretenimento encontra para empreender projetos tanto no âmbito público quanto no privado. No que se refere à captação de recursos, importância fundamental é conhecer as várias ferramentas, processos, atores e, principalmente, as informações necessárias sobre o cenário de patrocínios, incentivos e segmentações. A familiaridade com as estratégias que podem propiciar a prestação de serviços, de produtos e desenvolver parcerias relevantes para a consecução de seus objetivos estratégicos frente à missão dos empreendimentos e das organizações de lazer e entretenimento é fundamental para buscar os recursos, principalmente para os profissionais que facilitarão a negociação em projetos, programas, ações e parcerias na captação de recursos.

6.5. Referências bibliográficas

BRASIL. Ministério do Esporte. Consulta Recursos Captados. Disponível em: <http://www.esporte.gov.br/index.php/institucional/secretaria-executiva/lei-de-incentivo-ao-esporte/consulta-recursos-captados>. Acesso em: 27 jun. 2016.

BRASIL. Ministério da Cultura. Sistema Salic Net. Sistema de Apoio às Leis de Incentivo à Cultura. Disponível em: <http://sistemas.cultura.gov.br/salicnet/Salicnet/Salicnet.php> Acesso em: 27 jun. 2016.

BRAMANTE, A. C. Qualidade no gerenciamento do lazer. *In*: **Introdução aos Estudos do Lazer**. Campinas: Unicamp, 1997.

COSTA, L. P. da. As Olimpíadas e os impactos desejados nas políticas públicas de esporte e lazer nas cidades brasileiras: perspectiva acadêmica. *In*: PINTO, L. M. S. de M.; UVINHA, R. R.; COSTA, E. T. (orgs.). **Brasil 2016:** as Olimpíadas e os impactos desejados nas políticas de esporte e lazer nas cidades brasileiras. São Bernardo do Campo: Domaguil Artes Gráficas Ltda, 2010. p. 85-95.

COELHO, T. **Dicionário Crítico de Política Cultural**. São Paulo: Iluminuras, 1997.

DIPJ 2004 – Consolidação da Declaração do Imposto de Renda das Pessoas Jurídicas – 2004. Disponível em: <http://www.receita.fazenda.gov.br/Publico/estudotributarios/estatisticas/DIPJ2004.pdf> Acesso em: 29 jun. 2016.

MARCELLINO, N. C. Lazer e Educação Física. *In*: MARCO, A. de. **Educação Física:** cultura e sociedade – contribuições teóricas e intervenções na educação física no cotidiano da sociedade brasileira. Campinas: Papirus, 2009, p. 47-69.

MAXIMIANO, A. A. **Administração de Projetos**. 2.ed. São Paulo: Atlas, 2002.

PROJECT MANAGEMENT INSTITUTE. **A Guide to the Project Management Body of Knowledge:** PMBOK® Guide. 5.ed. Newton Square: Project Management Institute, 2013.

STOPPA, E. A.; ISAYAMA, H. F. Lazer, mercado de trabalho e atuação profissional. *In*: WERNECK, C. L. G.; STOPPA, E. A.; ISAYAMA, H. F. **Lazer e Mercado**. Campinas: Papirus, 2001, p. 71-100.

BRASIL. Portal da Transparência. Disponível em: <http://www.portaltransparencia.gov.br/receitas/consulta.asp?idHierarquiaOrganizacao=24971&idHierarquiaDetalhe=0&idDirecao=0&idHierarquiaOrganizacao0=1&idHierarquiaOrganizacao1=24868&idHierarquiaDetalhe0=0&Exercicio=2011>. Acesso em: 27 jun. 2016.

INSTITUTO CULTURAL CIDADE VIVA. **Perfil de empresas patrocinadoras.** Rio de Janeiro: Record, 2003.

JORDÃO, G.; ALLUCCI, R. **Panorama Setorial da Cultura Brasileira.** Alucci Associado Comunicação, São Paulo, 2012.

REIS, A. C. F. **Marketing Cultural e Financiamento da Cultura.** São Paulo: Thomson, 2003.

YANAZE, M. **Gestão de Marketing e Comunicação:** avanços e aplicações. 2.ed. São Paulo: Saraiva, 2011.

YANAZE, M. H.; FREIRE, O.; SENISE, D. Retorno de investimentos em comunicação: avaliação e mensuração. **Difusão**, São Caetano do Sul, 2010, vol. 1, p. 423.

7. Gestão de Recursos Físicos para o Lazer e o Entretenimento

Luiz Wilson Pina

Quando as sociedades se desenvolvem, econômica e culturalmente, suas populações reivindicam a melhoria e o aperfeiçoamento dos padrões de vida e de bem-estar, relativamente às variadas demandas sociais. É um processo que já pode ser observado no Brasil, mesmo com as grandes diferenças e variações regionais e locais. Em consequência, uma das ofertas que aumenta gradativamente ao longo de décadas é a dos recursos físicos para o lazer e o entretenimento. O presente capítulo tem o objetivo de apresentar os pressupostos dos estudos de viabilidade para empreendimentos de lazer e entretenimento, bem como os quesitos multiprofissionais fundamentais para sua gestão.

Nessa estrutura específica de oferta, podem ser identificados dois tipos básicos de recursos físicos:

a) **Os espaços, ambientes e instalações.** As áreas, construídas ou organizadas como teatros, quadras, piscinas, campos de esporte, áreas de recreação nos parques naturais, arenas de espetáculos, estádios, casas de shows, *resorts*, parques aquáticos, parques temáticos, museus, centros culturais e muitos outros, que denominamos genericamente de "equipamentos de lazer/entretenimento", são conjuntos de instalações e de ambientes destinados à oferta de serviços e de atividades previamente programadas.

142 Gestão do Lazer e do Entretenimento

b) **Os materiais, mobiliários e maquinários utilizados nesses equipamentos de lazer/entretenimento**. Por exemplo, tabelas de esporte, filtros de piscina, poltronas para teatro/cinema/auditório, projetores, equipamentos de som, mesas de som, elevadores e escadas rolantes, materiais esportivos em geral, caixas registradoras, equipamentos de iluminação, equipamentos de cenotécnica, balcões, mesas e uma infinidade de outros que não podem ser esquecidos em nenhum processo de gestão e de planejamento, pois envolvem custos e despesas, e são imprescindíveis para que os frequentadores possam ser bem atendidos.

Nos países desenvolvidos funcionam sistemas sofisticados e eficazes, oferecendo todo tipo de soluções tecnicamente testadas para praticamente tudo o que se queira implantar e fazer funcionar eficientemente. Como, por exemplo, arquibancadas rebatíveis (ou retráteis) movimentadas por sistemas eletrônicos (que substituíram sistemas elétricos anteriores), que aumentam enormemente a funcionalidade e a efetividade de instalações esportivas, arenas de espetáculos, auditórios e espaços de uso múltiplo.

O Brasil ainda não alcançou esse grau de desenvolvimento. Consequentemente, os gestores do lazer e do entretenimento, entre outras atribuições, podem estimular os setores produtivos a investirem nesses segmentos, para ampliar as possibilidades de implantar equipamentos de lazer mais funcionais e atrativos para a população.

7.1. Critérios de viabilidade

Como em todos os tipos de empreendimentos, no lazer e no entretenimento é necessário verificar *a priori* se são viáveis, em seus projetos, na sua construção e na sua operação e funcionamento. Para o meticuloso trabalho de estimar a viabilidade de um equipamento de entretenimento de uso público, qualquer que seja a sua modalidade, sugere-se considerar um conjunto de variáveis e de componentes técnicos do empreendimento que devem ser objeto de estudo e de cálculo econômico-financeiro.

O custo do processo de planejamento: formação do grupo de trabalho; horas de trabalho necessárias; custo de contratação de assessores, consultores e especialistas; custo de viagens, deslocamento e refeições dos membros do grupo; despesas com as pessoas convidadas – membros da comunidade, profissionais colaboradores sem remuneração direta –, igualmente de transporte e de refeições; custos administrativos em geral do trabalho.

O custo dos projetos arquitetônicos e complementares: custo do contrato do arquiteto ou do escritório de arquitetura; dos profissionais e dos escritórios especializados que deverão elaborar os projetos complementares; de viagens, deslocamentos e refeições dos arquitetos e dos demais profissionais; custo dos consultores especializados que forem necessários para o desenvolvimento dos projetos (por exemplo, o engenheiro ambiental contratado para assessorar o projeto de reúso de água).

Um custo frequentemente esquecido, mas que deve ser sempre considerado em qualquer estimativa de viabilidade, é o dos estudos e pesquisas que embasam o processo de planejamento. Elaborar e aplicar uma pesquisa de público envolve uma despesa elevada, que faz parte do custo geral de investimento para o empreendimento.

A composição do equipamento deve ser muito bem pensada, pois é determinante direta do custo de projeto, de construção e de operação. Uma piscina aquecida tem um custo de construção e de operação superior ao de uma piscina sem aquecimento. Um ginásio com grande capacidade de público tem um custo elevado de construção, mas permite a realização de atividades e de eventos com grande público.

Estudar e estimar o custo das soluções arquitetônicas do projeto. Sempre pensamos nas áreas em metragem quadrada, o que tem resultados econômicos tanto no investimento quanto na operação, mas esquecemos que instalações para o entretenimento têm volume e frequentemente exigem pé-direito alto, o que aumenta o custo da construção. Exemplo: um palco para teatro precisa ter pelo menos 15 metros de altura, para permitir a colocação dos equipamentos e materiais necessários, o que exige uma construção com a altura necessária, resultando em custos maiores de edificação.

Da mesma forma, é preciso estudar e estimar o custo dos materiais a serem utilizados no revestimento de pisos e paredes e no acabamento dos ambientes internos e externos. Inúmeras vezes um material mais caro se mostra mais econômico no longo prazo, por ter maior durabilidade e facilitar o trabalho de conservação e limpeza.

144 Gestão do Lazer e do Entretenimento

Também quanto aos equipamentos necessários para o funcionamento, os mobiliários e as soluções funcionais – podem ser mais caros inicialmente, mas quanto menos exigirem de manutenção durante a operação, menores serão os custos de funcionamento a médio e longo prazo.

Estudar e estimar o custo das soluções de energia alternativa, como a energia solar, comparando custo de investimento e custo de operação, para escolher a melhor solução.

Definir com extremo cuidado, estimando em seguida o seu **custo operacional**, a programação de atividades e eventos de entretenimento, conforme a missão, os valores e os objetivos da organização responsável pelo empreendimento.

Verificar previamente a necessidade de **medidas mitigadoras** do impacto do empreendimento sobre a região onde será implantado e calcular igualmente o custo necessário para seu projeto e sua execução.

Calcular o **custo necessário para elaborar o EIA-RIMA** (Estudo de Impacto Ambiental e Relatório de Impacto Ambiental), que deve ser feito por profissionais e/ou empresas especializadas e que, conforme o caso, pode mesmo inviabilizar o novo empreendimento.

Estimar igualmente o custo de investimento e de **operação das iniciativas sustentáveis**. Atualmente, com a legislação ambiental pormenorizada e a pressão social das coletividades e da mídia, que pode ser inevitável, a sustentabilidade pode também se tornar um bom instrumento de marketing e de demonstração da responsabilidade social da empresa responsável.

Em função da composição do equipamento – suas instalações para atividades de entretenimento –, das suas dimensões e capacidades, da missão, dos valores e dos objetivos da organização responsável, deve-se montar o **quadro dos seus recursos humanos** e estimar o seu custo operacional. Lembrar que o recurso mais importante na gestão do entretenimento é o humano: o quadro de pessoal gerencial, técnico, administrativo e de manutenção.

Estudar e estimar o custo de investimento e de **operação das soluções informatizadas** mais modernas, como, por exemplo, aquelas do "prédio inteligente", com dispositivos que graduam iluminação, abertura de janelas e portas, funcionamento de elevadores e escadas rolantes, etc., visando economizar insumos básicos como energia, água e telefonia.

Elaborar cuidadosamente o **cronograma geral de implantação** do empreendimento: montagem do processo de planejamento, prazos dos projetos, prazo das aprovações e liberações de projetos e obras, elaboração e consolidação dos contratos, licitações e concorrências, aquisição de equipamentos, mobiliários e materiais de uso, montagem do quadro de pessoal. A metodologia de gestão de projetos é muito útil e eficiente para esse trabalho.

Como essa breve apresentação demonstra, estudar e calcular a viabilidade de um empreendimento para atividades de entretenimento é um processo complexo e detalhado, que exige uma equipe multidisciplinar com conhecimentos técnicos diferenciados. Executar esse trabalho com rigor e cuidado, para embasar as decisões de investimento em projetos e obras, é fundamental para o sucesso do empreendimento.

7.2. Planejamento de equipamentos para o lazer e o entretenimento

7.2.1. Fundamentos da ação de planejamento

De acordo com Ribeiro (2011, p. 27), é necessário adotar procedimentos para planejar os espaços de lazer e entretenimento por muitas razões, como sintetiza:

> O impacto de uma construção mal planejada é muito mais grave do que qualquer outro problema de gerenciamento. Uma administração problemática ou pessoas podem ser substituídas. Recursos podem ser levantados para instalações eventualmente suborçadas. Contudo, as consequências de planejamento inadequado irão perdurar por décadas, razão pela qual todos os cuidados devem ser despendidos desde o início e no decorrer de todo o processo de planejamento.

Os equipamentos a que se refere Ribeiro têm vocação urbana ao atender primordialmente aos habitantes das cidades. Mesmo quando situados nas regiões rurais ou em praias não urbanizadas, como, por exemplo, os *resorts*, os parques, as áreas de esportes de aventuras, etc., tais equipamentos são utilizados pelas pessoas que residem nos ambientes urbanos.

No final do século XX a ocupação espacial do planeta por seus habitantes consolidou a expansão das cidades. O Brasil também passou por esse mesmo processo, nas últimas seis décadas, e hoje mais de 80% de sua população habita as cidades. Nesse quadro de transformações urbanas, cuja descrição e compreensão exige um imenso trabalho de estudo e análise por cientistas sociais e organizações internacionais e de pesquisa, observa-se o crescimento da implantação de equipamentos de entretenimento, cultura e esporte nas cidades, sobretudo nas metrópoles e nos núcleos urbanos mais importantes, movimento este de responsabilidade tanto do setor público quanto do segmento privado, com ou sem finalidades lucrativas.

Mais do que outros tipos de empreendimento, tais equipamentos refletem e resumem os movimentos, os interesses, as práticas e os comportamentos sociais e culturais do meio urbano. São sínteses espaciais da cultura da cidade e dos seus habitantes e são ocupados pela produção dos segmentos criativos de sua população.

Um equipamento urbano de lazer e entretenimento seria, portanto, palco e cenário para os diferentes públicos que se agrupam conforme os seus respectivos interesses, às vezes segmentados, às vezes associados, e o sucesso de sua implantação pode ser avaliado, entre muitos indicadores, pelo uso e pela frequência dos seus espaços e programação, por uma representação ampla e equilibrada dos habitantes da cidade ou da região urbana onde foram construídos. Neles a população da cidade se reúne, se conhece e se reconhece, se agrupa para usufruir de suas preferências, encontrar as referências de sua cultura e de seu comportamento, e principalmente conviver com os iguais, parecidos e diferentes, o que está cada vez mais difícil de se fazer nas vias urbanas de nossas cidades.

Implantar equipamentos de lazer e entretenimento nas cidades atuais exige grandes recursos, inicialmente para investimento e posteriormente para garantir o seu funcionamento. Um dos casos mais recorrentes no Brasil mostra os poderes públicos investindo elevadas quantias para construir um equipamento de cultura ou de esporte e depois descuidar de sua operação e manutenção. Como os empreendimentos de todas as demais áreas de uso público, qualquer que seja o seu mantenedor, é necessário adotar um processo de planejamento para a sua implantação, incluindo neste mesmo processo a previsão de recursos e de programação para o seu funcionamento posterior.

Um equipamento para o entretenimento deve ser pensado para: 1) atrair a visita dos habitantes da cidade ou da região – atrair público; 2) reter a atenção dos frequentadores e visitantes ao local; 3) assegurar a participação e o envolvimento nas atividades oferecidas nas instalações de entretenimento; 4) garantir a permanência dos frequentadores – tempo e envolvimento nas atividades; 5) provocar a possibilidade do retorno – formar plateia, constituir clientela, consolidar público; 6) estimular a referência positiva sobre o equipamento e sobre os serviços ali oferecidos – informações favoráveis transmitidas para outras pessoas possivelmente interessadas, o público potencial; e, finalmente, 7) conforme a tendência atual, que será uma constante em nossas sociedades por muito anos, incentivar a formação de redes – redes de informação, redes de interesses, redes de participação e, idealmente, redes de criação, que possam fornecer muitas outras alternativas de programação para o mesmo equipamento sociocultural.

Pode-se constatar no Brasil a existência de uma compreensão generalizada, inclusive entre as pessoas que trabalham nos espaços culturais, esportivos e de lazer e entretenimento, e profundamente arraigada nos administradores que decidem sobre o investimento e a implantação desses equipamentos socioculturais, como teatros, auditórios, centros esportivos, museus, etc., segundo a qual **basta contratar um projeto arquitetônico, pagar por esse trabalho e iniciar em seguida a sua construção**.

Planejar o equipamento para o entretenimento é um processo que vai muito além do seu projeto arquitetônico. Esta é uma das etapas fundamentais do trabalho, que se inicia com o estudo dos interesses socioculturais da população que será atendida com a sua implantação e se estende pela previsão do seu ciclo de vida, o tempo útil de funcionamento antes de uma necessária reforma completa, recuperação e ampliação – esta última, quando for possível pelas dimensões do terreno e conforme os recursos disponíveis.

Também é esquecido por muitos que um projeto arquitetônico não consiste apenas do desenho dos ambientes e da estrutura física que o abriga e cobre. Compreende um conjunto de projetos associados e integrados, cujo número cresce conforme as novas exigências tecnológicas, de uso, de ambientação e de sistemas empregados no seu funcionamento e operação, como: 1) sistema de energia e de iluminação; saneamento ambiental; 2) guarda e descarte de resíduos sólidos; área de alimentação – cozinha, área de preparo, armazenamento e conservação de gêneros alimentícios, recebimento de entregas, descarte de lixo, área de atendimento ao público; 3) paisagismo, incluindo os entornos do equipamento; 4) projeto dos sistemas de lógica; 5) telefonia; 6) sistemas de proteção e combate a incêndios; 7) de estrutura (cálculos e desenhos das estruturas da construção); 8) sistemas de elevadores e escadas rolantes; 9) acessibilidade universal; 10) energias alternativas; 11) uso e reúso de água; 12) comunicação visual; 12) cenotécnica e luminotécnica, no caso de teatros, auditórios e salas de espetáculos; 13) som ambiente e comunicação interna; 14) conforto ambiental; 15) sistema de tratamento de água para a piscina ou parque/conjunto aquático; 16) sistema de segurança, incluindo circuito fechado de televisão e câmeras de vigilância; 17) estrutura e apoio para exposições, quando há previsão dessa instalação no conjunto; e 18) ambientação, incluindo mobiliário e *layout* dos espaços internos, com a distribuição dos móveis e dos equipamentos de uso, apoio e suporte. E, ainda, projetos especializados para toda a previsão de instalações que exigem apuro técnico para seu funcionamento, como estúdio de gravação, de produção de vídeo, de vídeo-arte, etc.

7.2.2. Síntese do processo

Um processo de planejamento de equipamentos de lazer e entretenimento para as cidades brasileiras pode ser composto das seguintes etapas (PINA, 2014):

- Formação de um grupo (ou comitê) de trabalho, responsável pelo processo, agrupando lideranças e técnicos da organização responsável por sua implantação e, conforme o caso, lideranças locais das áreas pertinentes ao equipamento (esporte, turismo, artes) e representantes da comunidade a ser atendida, quando isso for considerado necessário. Esse grupo deve incluir fundamentalmente profissionais capacitados nos setores a serem atendidos e também da área de engenharia e arquitetura da organização. Consequentemente, deve compreender especialistas nas áreas para as quais se destina o empreendimento, o que significa custo financeiro, mas pode trazer bons resultados finais no processo e no funcionamento posterior.

Gestão de Recursos Físicos para o Lazer e o Entretenimento 149

- Identificação da demanda pelas atividades a serem propostas por parte da população da cidade, de bairros e de comunidades da região onde está a cidade, quando necessário, ou da região metropolitana no caso dos municípios mais importantes. E dos possíveis interesses que poderiam ser atendidos pelo equipamento sociocultural, por meio de pesquisas e de estudos, utilizando ainda métodos de consulta como seminários, debates e simpósios. Se não existirem pesquisas e estudos atualizados a respeito, considerar a sua elaboração e realização, o que representa igualmente custo econômico para o total do empreendimento.

- Elaboração do programa do equipamento, a partir desse conjunto de interesses identificados, incluindo ainda os objetivos operacionais da organização que deverá construí-lo, implantá-lo e se responsabilizar por sua gestão. Por exemplo, uma secretaria municipal – de esporte, turismo, cultura, lazer – tem objetivos específicos de ação, que devem ser incorporados no referido programa. Esse programa sociocultural se articula sobre uma proposta prévia de programação e propõe sobre essa base os respectivos espaços para o seu desenvolvimento, com os necessários requisitos técnicos para a sua realização e com bons resultados operacionais.

- Estudo da viabilidade – técnico-operacional e econômico-financeira – do novo empreendimento, englobando custo do investimento e custo operacional, considerando o programa elaborado e todas as demais variáveis envolvidas no processo.

- Contratação do escritório de arquitetura para elaborar o projeto. No caso de organizações públicas, essa contratação tem que ser feita por licitação ou concurso, o que enfatiza a importância de um programa sociocultural muito bem pensado e elaborado.

- Apresentação do programa, com ênfase na programação de atividades e eventos proposta, para a equipe de arquitetos que deverá elaborar o projeto e para os profissionais que deverão trabalhar com o conjunto de projetos complementares, a serem contratados conforme os critérios administrativos da organização responsável. No caso público, portanto, mediante processos de licitação.

- Acompanhamento das diferentes etapas de elaboração do projeto arquitetônico e complementares – estudo preliminar, anteprojeto e projeto definitivo.

- Análise do ciclo de vida do equipamento sociocultural, para definir a linha do tempo de funcionamento com capacidade total, reformas parciais, reforma e/ou recuperação integral, ampliação de espaços e de capacidade – neste caso, sempre dentro das possibilidades de espaço, orçamento e comprovação de demanda.

- Apresentação formal do projeto arquitetônico, conforme o programa do equipamento, e das respectivas previsões de prazo e orçamento, para a cidade e/ou comunidade.

- Contratação da obra, obrigatoriamente por licitação no caso do setor público e também no caso de organizações privadas com finalidades públicas. A licitação também pode ser usada pelas organizações privadas com finalidades lucrativas, pois permite um bom estudo das condições de preço, custo, prazos e obrigações contratuais e estimula a concorrência entre as empresas construtoras.

- Acompanhamento da construção, com as necessárias correções e adaptações, quando for o caso. Por exemplo, no projeto foi previsto um determinado material para revestimento de pisos, mas durante a construção o mercado lançou um produto superior por preço compatível com o orçamento da obra. Essa fase é extremamente delicada, sobretudo no setor público, e deve ser administrada com muito cuidado, profissionalismo e responsabilidade. Será determinante nessa etapa o papel dos engenheiros que fazem parte do grupo de trabalho e outros profissionais da área que atuam na organização responsável pelo empreendimento.

- Na fase final da construção, o grupo de trabalho deve retomar o processo com mais intensidade, verificando se os espaços construídos estão adequados à programação proposta e estudando todas as possíveis modificações que podem ser feitas, muito limitadas, no caso das instalações, porém com muitas alternativas, no caso da programação. Nesta fase, são adquiridos os mobiliários e os equipamentos de uso e apoio às atividades e aos eventos propostos na programação.

Finalmente, todas as experiências realizadas com o *software* – a programação – definirão as possíveis mudanças a serem feitas no *hardware* – o complexo de instalações do equipamento de entretenimento, esporte e cultura da cidade – e são excelente referência para futuros projetos dos mesmos equipamentos naquela cidade ou em outras localidades. Nesse sentido, o trabalho realizado pelas duas entidades de serviço social, a da indústria e a do comércio, merecem ser profundamente estudadas, como base para o planejamento bem-sucedido desses equipamentos para as nossas cidades, pois hoje apresentam uma ampla rede de capacidade instalada nesse segmento, gerida em inúmeras cidades brasileiras.

Complementarmente, sugere-se implantar relógios medidores do consumo de energia elétrica nos maiores espaços e/ou nos principais conjuntos de áreas do equipamento, como auditório, ginásio ou bloco esportivo, piscina ou conjunto aquático, teatro, áreas de alimentação. Dessa forma, esse custo poderá ser cobrado, por exemplo, de usuários que aluguem o espaço para suas atividades, ou pode ser atribuído diretamente ao locatário ou concessionário, que poderá pagá-lo diretamente. Permitirá, portanto, apropriar esse custo quando alugar o espaço para algum evento, que poderá então ser pago pelo locatário juntamente com o valor atribuído à cessão do local. Sua apropriação contábil possibilitará calcular com mais precisão o custo de funcionamento de cada espaço ou conjunto de espaços e atribuir um critério de cobrança mais rigoroso, quando se alugar a área para um determinado evento ou para o funcionamento permanente de algum serviço a ser fornecido por concessionários. O concessionário paga pela energia que utiliza, com o custo real controlado pelo medidor. Da mesma forma, proceder, quanto possível, com o mesmo critério no caso do sistema de fornecimento de água, em casos específicos – por exemplo, nas áreas de alimentação.

7.3. Manutenção

Frequentemente esquecido, mas de suma importância em qualquer equipamento de lazer e entretenimento, é o setor, ou sistema, ou departamento, de **manutenção**. Em equipamentos e instalações do entretenimento, na situação brasileira, observa-se que a gestão adota um foco bem direcionado sobre

152 Gestão do Lazer e do Entretenimento

a administração e sobre a programação de atividades, mas descuida muitas vezes da manutenção. Frequentes acidentes e incidentes demonstram essa situação, em brinquedos de parques temáticos, piscinas, quadras e ginásios. Uma trave de futebol de salão mal presa no piso pode ocasionar acidentes graves. Uma casa de máquinas malconservada de um conjunto aquático pode provocar prejuízos sensíveis, com o fechamento da piscina e o não atendimento dos frequentadores.

A estrutura funcional de um equipamento para o entretenimento, qualquer que seja o seu conceito – parque temático ou aquático, centro esportivo, centro de lazer, centro cultural e desportivo, centro de artes performáticas –, compreende três setores articulados e interdependentes: administração, programação e manutenção, todos igualmente importantes para o seu bom funcionamento. Consequentemente, esses setores devem ser previamente estruturados no quadro de recursos humanos e na logística operacional de equipamentos, mobiliário e materiais. Isso se aplica tanto em empreendimento novo ou reformulado, no caso de um recurso físico de entretenimento já existente que esteja com as funções mal equacionadas ou mal distribuídas.

Definir e estruturar o setor ou departamento de manutenção faz parte do processo de planejamento dos recursos físicos para o lazer e o entretenimento. Esse setor pode ser integralmente da organização em espaços, pessoal e equipamentos; pode ser parcialmente terceirizado, e existem inúmeras empresas no Brasil que prestam esses serviços com eficiência; e pode ser totalmente terceirizado, mas neste caso é fundamental que a organização tenha um supervisor ou encarregado da manutenção para determinar, fiscalizar, conferir e autorizar os serviços necessários.

Esse planejamento inclui: definição das funções, considerando a composição das instalações e suas modalidades; determinação das tarefas, com cronograma conforme as necessidades de cada equipamento, mobiliário e material; montagem do quadro de pessoal; estruturação dos contratos de serviços terceirizados; definição das necessidades de **manutenção corretiva, preventiva, preditiva e detectiva** (XAVIER, 2015); e determinação do fluxo e da responsabilidade das ordens de serviço, que alimentam o sistema de manutenção.

Manutenção corretiva "é a atuação para correção de falha ou do desempenho menor que o esperado". Pode ser não planejada, feita de modo aleatório ou ocasional, e planejada, realizada por previsão ou decisão gerencial (p. 2).

Manutenção preventiva "é a atuação realizada para reduzir falhas ou queda no desempenho, obedecendo a um planejamento baseado em períodos estabelecidos de tempo". Um dos seus segredos "está na determinação dos intervalos de tempo" (p. 2).

Manutenção preditiva "é um conjunto de atividades de acompanhamento das variáveis ou parâmetros que indicam a performance ou desempenho dos equipamentos, de modo sistemático, visando definir a necessidade ou não de intervenção" (p. 2).

Manutenção detectiva "é a atuação efetuada em sistemas de proteção ou comando, buscando detectar falhas ocultas ou não perceptíveis ao pessoal de operação e manutenção" (p. 2).

Faz parte igualmente do processo o **estudo do ciclo de vida** do empreendimento – por quanto tempo o empreendimento deverá funcionar sem necessitar de reforma ou de reformulação. Esse tipo de abordagem ainda é muito novo no Brasil, no caso do lazer, do esporte, da cultura e do entretenimento. Um modo de fazer esse estudo do ciclo de vida é recorrer aos equipamentos para o lazer e o entretenimento já existentes, verificando o tempo necessário para que cada um deles precise de intervenções mais vultosas, em recursos econômicos e tempo de obras de reforma e/ou reformulação.

Também deve ser feito previamente um trabalho cuidadoso que possa definir o **cronograma das intervenções** nos recursos físicos: pintura, substituição de revestimentos, coberturas e pisos, troca de mobiliários, equipamentos e materiais, renovação por inovações tecnológicas ou troca de sistemas operacionais.

No processo de planejamento devem ser considerados também os trabalhos de elaboração e efetivação dos contratos com as empresas a serem terceirizadas e com as empresas fornecedoras que prestem esse tipo de serviço.

A montagem de um **quadro geral dos prazos** de garantia de cada equipamento, mobiliário, material, bem como da construção propriamente dita, é fundamental nesse processo do planejamento da manutenção. Um bom exemplo é o do Sesc Itaquera, na cidade de São Paulo. A estrutura metálica de cobertura do ginásio cedeu; felizmente para aquela organização, foi ainda dentro do prazo de garantia da obra. Sua recuperação foi feita pela construtora, sem ônus para o Sesc. Inclusive a construtora teve que pagar uma importância determinada a título de lucros cessantes.

A escolha e a definição dos *softwares* para os trabalhos de manutenção são igualmente vitais, considerando a atual evolução tecnológica. Neste caso, sugere-se ao gestor do entretenimento que consulte profissionais especializados no segmento, pois existe hoje uma grande quantidade de *softwares* para os sistemas de manutenção, em constante desenvolvimento.

A gestão do sistema de manutenção exige profissionais qualificados e experientes. Portanto, sua escolha faz parte do processo geral de planejamento do empreendimento.

Para a gestão eficaz, é fundamental a escolha de indicadores de avaliação do sistema. Sugere-se igualmente que esses indicadores sejam determinados por pessoal qualificado desse setor técnico.

Recomenda-se que este seja mais um trabalho que o gestor do entretenimento deve realizar com uma equipe multidisciplinar, neste caso reunindo profissionais que atuem com sistemas de planejamento e gestão da manutenção. A contratação de empresas reconhecidamente competentes para os serviços terceirizados, de acordo com as decisões da organização, será sempre um fator de segurança e de confiabilidade para se obter um bom e adequado padrão operacional. Para organizações de grande porte, sugere-se mesmo a contratação de engenheiros de manutenção. De qualquer modo, existe hoje no Brasil um quadro técnico numeroso e experiente, muito bem qualificado e preparado, que pode garantir a qualidade do funcionamento do equipamento de lazer e entretenimento. É interessante agregar ao grupo alguns profissionais das áreas técnicas do entretenimento, conforme a composição do equipamento e a sua programação, para uma melhor integração das tarefas operacionais e dos conhecimentos necessários para um bom desempenho geral.

Em conclusão, o processo de planejamento do equipamento para o lazer e o entretenimento gera como um dos seus resultados o **sistema de gestão da manutenção**. Esse sistema atuará com mais eficiência segundo um **plano de manutenção**, orientador operacional e temporal das tarefas a serem executadas. Esse plano será montado pela equipe do setor de manutenção.

7.4. Programação de atividades e eventos

O espaço, mesmo que concebido, desenhado e construído com a melhor qualidade possível no nosso atual estágio tecnológico, não é suficiente para atrair, interessar, reter e garantir a frequência e a permanência do público, nem atender aos múltiplos e variados interesses das pessoas da cidade, do bairro, da comunidade e da sociedade.

Os ambientes formados pelas instalações são o cenário para a programação de atividades e eventos de lazer e entretenimento, que deve ser pensada e desenvolvida com essas finalidades. No caso de conjunto de programas compostos, por sua vez, por atividades e eventos, estruturados e diferenciados por temas, tipos de público, faixas etárias, interesses socioculturais, como música, teatro, dança, esportes em geral, artes plásticas, cinema, etc., a programação deve ser elaborada previamente ao projeto arquitetônico, direcionando-o e orientando a concepção e a constituição dos espaços. Pensar e preparar a programação precede, no processo de planejamento, o desenho e a configuração espaciais do projeto arquitetônico e seus projetos complementares.

Nesse trabalho são incorporados, consequentemente, as experiências, a qualificação técnica e o conhecimento profissional daqueles que atuam nas diferentes áreas socioculturais do lazer.

7.5. Regulamentação e procedimentos regulamentadores

Nenhuma construção ou edificação, em praticamente todos os países do mundo (ressalvando as exceções temporárias, por desorganização social e política, conflitos e catástrofes naturais), pode ser utilizada sem a prévia autorização dos órgãos públicos regulamentadores e fiscalizadores, aos quais incumbe fazer cumprir a legislação específica em vigor em cada local.

Como a nossa civilização está cada vez mais complexa, criando concomitantemente novas necessidades e soluções (por exemplo, os cuidados ambientais e os sistemas informatizados), as exigências para concessão da licença de utilizar as edificações – o "habite-se" – aumentam a cada década e a regulamentação se torna mais detalhada e mais rigorosa, graças igualmente

156 Gestão do Lazer e do Entretenimento

às mudanças sociais que buscam a melhoria da qualidade de vida dos indivíduos e das coletividades.

No Brasil, como é praticado geralmente em todo o mundo, esse trabalho de verificação e fiscalização é de incumbência da administração municipal, completada pela atuação de alguns órgãos estaduais para temas específicos, como segurança (Corpo de Bombeiros, que no Brasil é estadual, ao contrário de muitos outros países, onde é municipal) e ambiente (por causa das interferências e impactos que extrapolam em muitas ocasiões a área de apenas um município). A legislação é principalmente municipal, igualmente completada por documentos legais (leis, decretos e normas) estaduais e federais (por exemplo, a legislação que proíbe fumar em locais públicos fechados).

Em muitos casos, legislação e regulamentação sobre as edificações surgem nos municípios, depois se expandem para os estados e finalmente são estabelecidas com abrangência nacional (federal). Um dos casos mais notórios nesse sentido é o da legislação sobre acessibilidade universal – o direito de acesso de todas as pessoas aos locais e logradouros públicos, principalmente daquelas com mobilidade reduzida ou com deficiência.

É necessário esclarecer a distinção entre "construção de uso público" e a noção de "prédio público" ou "imóvel público". Este último é mantido pelo poder público, construído com as mais diferentes finalidades para prestar serviços à população ou para abrigar a estrutura administrativa e funcional dos setores governamentais. Já as edificações de utilização pública podem ser mantidas por organizações de todos os tipos – públicas, privadas e do terceiro setor –, sendo destinadas às mais variadas formas de serviços (educacionais, artísticos, comerciais, esportivos, sociais, de saúde, etc.) para a população em geral.

Portanto, as edificações destinadas às atividades de lazer e entretenimento, por serem de uso público, devem ser planejadas, desenhadas, construídas e administradas conforme as legislações e as regulamentações específicas para os prédios desse tipo.

Os gestores do entretenimento devem ter conhecimento dos processos, das regulamentações e dos critérios que norteiam a implantação de edificações, pois mesmo investimentos bem planejados e bem administrados podem ser comprometidos por falhas e procedimentos inadequados. Assim, conforme estabelece o Código Florestal Federal, não é permitido construir em Áreas de Preservação Permanente. Mesmo um clube recreativo e associativo, pretensamente destinado a oferecer serviços que contribuem para a melhoria da qualidade de vida da população, não pode ser edificado em qualquer dessas áreas protegidas. Se um clube for construído nessa situação, graças à leniência ou à displicência das autoridades locais, a qualquer momento o Ministério Público, ao qual incumbe a defesa dos direitos coletivos e dos direitos difusos da população, pode embargar o local, mandar demolir as edificações e processar os seus responsáveis.

Como demonstrado no capítulo sobre o direito do lazer e do entretenimento, o documento fundamental para os meios urbanos é o Estatuto da Cidade, Lei nº 10.257, de 10 de julho de 2001 (ver Capítulo 3), que especifica claramente os instrumentos de planejamento e regulação a serem considerados e utilizados. Dentre esses instrumentos, a regulamentação para aprovação das edificações está estruturada sobre dois documentos principais que orientam os procedimentos a serem seguidos:

a) O documento básico da legislação de uso e ocupação do solo, no âmbito municipal, é o **Plano Diretor Participativo**. Todos os municípios brasileiros deveriam ter um Plano Diretor, mas muitos deles ainda não os elaboraram. Devem ser discutidos e aprovados pela Câmara Municipal e sancionados pelo prefeito. O Plano Diretor, segundo o artigo 4º da Lei Federal nº 10.257, de 10 de julho de 2001, **Estatuto da Cidade**, faz parte do processo de planejamento municipal. O Plano Diretor é o principal instrumento da política de desenvolvimento urbano, orientando as ações de todos os agentes públicos e privados atuantes no município. Disciplina o parcelamento, o uso e a ocupação do território de todo o município.

Exemplificando, o atual Plano Diretor do município de São Paulo é denominado "Plano Diretor Estratégico" e foi estabelecido pela Lei nº 13.430, de 13 de setembro de 2002.

Qualquer modificação ou revisão deve seguir o mesmo processo: estudo, elaboração e aprovação pela Câmara de Vereadores. Os munícipes, os habitantes do município, devem participar do processo por meio dos instrumentos democráticos vigentes, pois o Plano Diretor tem influência fundamental e direta sobre a estrutura urbana e a qualidade de vida na cidade.

O Plano Diretor é completado pela Lei do Zoneamento, que define as formas de uso do território urbano e periurbano (incluindo o ambiental), estabelecendo quais tipos de utilização podem ser permitidos em cada área da cidade. Todos os municípios devem elaborar o seu zoneamento, compreendendo também o ambiental.

Consequentemente, antes de decidir sobre qualquer empreendimento, o Plano Diretor deve ser consultado e deve ser verificado no zoneamento, conforme a lei, o que está permitido para o terreno disponível. Uma escolha feita sem essas consultas elementares pode provocar erros e equívocos que comprometerão definitivamente o empreendimento. Instalações de entretenimento não podem ser edificadas indiscriminadamente em qualquer local da cidade, mas somente naquelas regiões onde o Plano Diretor as permite.

Uma vez decidido o tipo da edificação, os procedimentos são orientados pelo segundo documento legal municipal, o Código de Obras.

b) Frequentemente denominado **Código de Obras e Edificações**, deve ser igualmente debatido e aprovado pela Câmara Municipal e promulgado pelo prefeito. Por exemplo, como estabelecido no Código de Obras e Edificações do município de São Paulo, Lei nº 11.228, de 25 de junho de 1992, no seu Artigo 1º, os códigos de obras devem dispor "sobre as regras gerais e específicas a serem obedecidas no projeto, licenciamento, execução, manutenção e utilização das obras e edificações, dentro dos limites dos imóveis", no âmbito de cada município.

Cada município deve ter o seu código, sempre de acordo com o mesmo processo. A não existência desse documento legal é prejudicial a todos, pois devem existir critérios cuidadosos e bem definidos para orientar as construções a serem feitas em cada cidade.

O Código de Obras define que qualquer obra, de construção ou de reforma, deve ser aprovada e liberada pela prefeitura do município, que, para tanto, deverá dispor de departamentos e de equipes técnicas para analisar cada uma delas e autorizar a execução das suas diferentes etapas: projeto, obra e utilização.

Assim, qualquer empreendimento para o lazer e o entretenimento deve ser pensado, planejado, desenhado e construído em observância cuidadosa do que está estabelecido no Código de Obras local. Citando apenas um exemplo, o Código de Obras e Edificações de São Paulo tem diretrizes quantitativas definidas para os vestiários dos clubes esportivos e das piscinas de uso público, sejam elas de clubes particulares, de academias ou de instalações administradas pelo governo.

Evidentemente, são os arquitetos e engenheiros que devem ter um conhecimento profundo e detalhado desses dois documentos, principalmente do Código de Obras. Mas o gestor do entretenimento também deve fazer pelo menos uma leitura cuidadosa de ambos (Plano Diretor e Código de Obras), para adquirir conhecimentos que serão úteis para o planejamento das edificações de entretenimento na cidade em que atua e também para a sua administração.

Ilustrando a situação, ao se decidir pela implantação de uma arena de espetáculos em determinada cidade, deve-se estudar com atenção o que estabelecem o Plano Diretor e o Código de Obras quanto aos polos geradores de tráfego. Esses critérios terão influência direta no cálculo da capacidade de público da arena, pois esta poderá gerar um tráfego de veículos que as vias de acesso e de circulação no entorno do local não tenham condições de suportar, e, assim, as autoridades municipais exigirão uma redução no número de lugares, o que poderá até mesmo inviabilizar o empreendimento.

Mas a legislação não se resume a esses dois documentos, mesmo que sejam os principais. Devem ser considerados ainda:

- A ampla **legislação ambiental brasileira**, consolidada em leis federais, estaduais e municipais, que inclui, entre outros documentos legais, o Código Florestal e os Códigos Ambientais Federal, Estaduais e Municipais. Conforme cada caso, instalações para atividades de entretenimento não podem ser planejadas e construídas sem prévia consulta à Legislação Ambiental Federal, do estado e do município onde será implantado o empreendimento.

- A legislação sobre **saneamento básico**. As diretrizes nacionais para o saneamento básico foram estabelecidas pela Lei nº 11.445, de 6 de janeiro de 2007, que orienta a política federal do saneamento básico e a prestação de serviços públicos nessa modalidade. Estados e municípios criaram os seus respectivos Códigos Sanitários. Com base nessa ampla documentação legal, atualmente não é possível construir um centro esportivo, cultural ou qualquer outra instalação para o entretenimento (assim como para qualquer outro tipo de uso público) sem prever a adequada destinação aos resíduos sólidos e líquidos. Há diretrizes claras e expressas nesse sentido, que devem ser obedecidas, sob a pena de o empreendimento não ser aprovado ou então punido com pesadas multas e até mesmo com o fechamento, em situações extremas.

- A legislação específica sobre **acessibilidade universal**. As leis federais sobre o assunto já têm mais de dez anos – Lei nº 10.048, de 09 de novembro de 2000, que dá prioridade de atendimento às pessoas com deficiência ou com mobilidade reduzida, e Lei nº 10.098, de 19 de dezembro de 2000, que estabelece normas gerais e critérios básicos para a promoção da acessibilidade das pessoas com deficiência ou com mobilidade reduzida – e foram regulamentadas pelo Decreto nº 5.296, de 02 de dezembro de 2004. Deve ser igualmente considerada a legislação estadual e municipal sobre o tema, observando-se que boa parte dessas leis foi criada antes mesmo da lei federal. Mais uma vez, quem for construir na cidade de São Paulo tem que consultar as leis do estado e do município, que dispõem sobre a promoção da acessibilidade aos imóveis de uso público.

- As **normas técnicas da ABNT** (Associação Brasileira de Normas Técnicas), que nas últimas quatro décadas foram ampliadas e aprimoradas e gradativamente tendem a cobrir praticamente todos os assuntos ligados a obras e construções. Há normas técnicas para piscinas, para acessibilidade, para a elaboração de projetos de arquitetura, entre outros. Imprescindível consultar o site dessa organização (http://www.abnt.org.br).

Diante do volume da legislação e de sua complexidade, sugere-se que o gestor do entretenimento, quando tiver que administrar um plano de construção, de expansão ou de reforma de instalações físicas, recorra à consultoria ou assessoria de especialistas no assunto. Geralmente, escritórios de engenharia e/ou de arquitetura, bem como arquitetos e engenheiros, têm conhecimento aprofundado da legislação, tanto federal e estadual quanto local. São inúmeras as interferências dessa ampla e variada legislação sobre qualquer construção de uso público, o que justifica a participação de profissionais com conhecimento qualificado do assunto.

Como a incumbência de analisar e aprovar projetos, obras e funcionamento dos empreendimentos é da prefeitura municipal, cada cidade possui órgãos específicos para esse processo – aprovação de projetos, autorização para construir (alvarás) e autorização para utilizar (geralmente denominado "habite-se").

Ainda referenciando como exemplo a cidade de São Paulo, o setor encarregado desse trabalho é a Secretaria Municipal de Habitação (SEHAB). O processo é feito por intermédio do Sistema de Licenciamento de Construções (SLC). São fornecidos os seguintes documentos: alvará de aprovação de edificação nova; alvará de aprovação de reforma; alvará de execução de edificação nova; alvará de execução de reforma; alvará de execução de reconstrução; e certificado de conclusão (habite-se).

Portanto, como indicado no exemplo anterior, o gestor deve consultar diretamente a prefeitura local para saber em qual departamento de qual secretaria deve iniciar o processo. A gradual informatização dos serviços públicos facilita atualmente esse trabalho, pois em grande parte dos municípios já é possível fazer uma consulta prévia pelos próprios sites das respectivas administrações municipais, onde se pode verificar qual a documentação necessária, quais os prazos, quais os departamentos que devem ser procurados e quais são os valores (custos) das taxas concernentes a cada etapa do processo.

Conforme o impacto do empreendimento sobre o seu entorno, o poder público pode exigir medidas mitigadoras, como novas vias de acesso e circulação, reformulação urbanística em locais próximos, uso de energia solar, implantação de sistemas de uso da água de chuva e de reúso da água, processos de reciclagem de resíduos sólidos e líquidos, e assim por diante. Na cidade paulista de São Carlos, o Sesc (Serviço Social do Comércio) teve que construir uma nova ponte de acesso e retorno de tráfego sobre o córrego central da avenida onde a nova unidade foi construída, ainda na década de 1990.

Como visto, a prefeitura municipal centraliza a execução do processo de análise e concessão das aprovações e autorizações de projetos, construção e funcionamento, variando apenas o departamento ou órgão municipal encarregado, conforme a organização administrativa em cada cidade. Porém, outros órgãos e departamentos do poder público intervêm igualmente no processo, sendo que as solicitações devem ser feitas sempre pelos empreendedores, que devem posteriormente apresentar as aprovações e autorizações à prefeitura municipal para que esta possa liberar as várias etapas do processo.

Assim, no estado de São Paulo, as questões relativas ao ambiente são analisadas pela Cetesb (Companhia de Tecnologia de Saneamento Ambiental), ligada à Secretaria Estadual do Meio Ambiente, que desde 2009 centraliza os processos de licenciamento ambiental. Em muitos casos, conforme o porte do empreendimento, é necessário elaborar o EIA-RIMA (Estudo de Impacto Ambiental e Relatório de Impacto Ambiental), que geralmente resulta na exigência das medidas mitigadoras ou atenuadoras do impacto provocado pela iniciativa.

Os aspectos relacionados à segurança dos usuários, relativamente a incêndios, riscos de acidentes e sistemas internos de circulação, são examinados pelo Corpo de Bombeiros. Este tem poder para embargar um empreendimento no dia de sua inauguração, por exemplo, se as suas determinações não tiverem sido devidamente cumpridas. Mesmo funcionando plenamente, o Corpo de Bombeiros pode exigir mudanças e medidas, como, por exemplo, a constituição de brigadas de incêndio, compostas por funcionários que passam por treinamento naquele empreendimento. Especial atenção merecem os grandes empreendimentos, como arenas de espetáculos, ginásios de grande capacidade e estádios, que são cuidadosamente examinados nos aspectos de acesso e circulação do público. Estes devem permitir sempre um escoamento rápido do público, em caso de acidente ou por qualquer outro motivo. Se o fluxo de circulação interno não for bem desenhado e calculado, o empreendimento pode ser interditado.

Na cidade de São Paulo, elevadores e escadas rolantes têm que ser aprovados pelo Contru (Departamento de Controle do Uso de Imóveis da Prefeitura Municipal), que concede licenças e fiscaliza a instalação e o funcionamento desses sistemas e também de esteiras rolantes, armazenagem de produtos químicos e inflamáveis, combustíveis e explosivos. O Contru pode interditar construções que apresentarem riscos de segurança e pode também exigir obras para solucionar irregularidades ou riscos nas edificações. Portanto, no caso de um conjunto aquático, as instalações do sistema de filtragem e de cloração da água das piscinas devem prever local adequado para guarda e conservação dos produtos químicos utilizados, e o seu uso deve ser feito sempre por pessoal devidamente treinado e orientado.

Tratando-se ainda de instalações para o lazer e o entretenimento, a Engenharia Sanitária também interfere no processo, sobretudo no caso de piscinas, conjuntos ou parques aquáticos, restaurantes e lanchonetes.

Como observado e circunstanciado no Capítulo 3, continuando a adotar o exemplo da cidade de São Paulo, os empreendimentos de lazer e entretenimento podem ser objeto de fiscalização, com exigência de aprovações prévias do Psiu (Programa de Silêncio Urbano) no caso específico de bares, boates, restaurantes e salões de festas. Não podem exceder os limites de ruído em decibéis, que são quantificados por região na Lei do Zoneamento. Na cidade, para ter música ao vivo, esses locais são obrigados a implantar sistemas de tratamento acústico. Em São Paulo, muitos locais foram fechados por descumprir as determinações do programa. E o gestor do entretenimento deve verificar em sua cidade se o zoneamento local compreende também determinações de limite de ruído. Caso positivo, essas determinações podem afetar a localização de uma instalação para atividades de entretenimento.

Como já ressaltado, as contribuições deste capítulo apontam os caminhos para que o gestor de lazer e entretenimento possa ter uma leitura mínima para compor a equipe multidisciplinar de especialistas, que vai planejar e operacionalizar, com competências específicas e apoiada nos fundamentos conceituais e filosóficos do lazer e do entretenimento, os empreendimentos desse segmento.

7.6. Referências bibliográficas

ASSOCIAÇÃO BRASILEIRA DE NORMAS TÉCNICAS. NBR 13532. Elaboração de projetos de edificações – Arquitetura. Rio de Janeiro: ABNT, 1995. 8p.

BRASIL. Lei nº 10.257, de 10 de julho de 2001. Regulamenta os arts. 182 e 183 da Constituição Federal, estabelece diretrizes gerais da política urbana e dá outras providências. Disponível em: <http://www.planalto.gov.br/ccivil_03/leis/LEIS_2001/L10257.htm>. Acesso em: 27 jun. 2016.

PINA, L. W. **Planejamento de Equipamentos de Lazer**. São Paulo: Perse, 2014. 206p.

PREFEITURA DE SÃO PAULO. Site. Disponível em: <http://www.prefeitura.sp.gov.br>. Acesso em: 27 jun. 2016.

PREFEITURA MUNICIPAL DE SÃO PAULO. Lei nº 11.228, de 25 de junho de 1992. Promulga o Código de Obras e Edificações do Município de São Paulo. Disponível em: <http://www.leispaulistanas.com.br/sites/default/files/2a1197ee88e2668ea7ddca484a04bf75.pdf>. Acesso em: 27 jun. 2016.

RIBEIRO, F. T. **Novos Espaços para Esporte e Lazer**: planejamento e gestão de instalações para esportes, educação física, atividades físicas e lazer. São Paulo: Ícone, 2011. 312p.

XAVIER, J. N. **Manutenção:** tipos e tendências. Belo Horizonte. Disponível em: <http://www.tecem.com.br/site/downloads/artigos/tendencia.pdf>. Acesso em: 27 jun. 2016.

Acompanhe a BRASPORT nas redes sociais e receba regularmente informações sobre atualizações, promoções e lançamentos.

 @BRASPORT

 /brasporteditora

 /editorabrasport

 editorabrasport.blogspot.com

 /editorabrasport

Sua sugestão será bem-vinda!

Envie mensagem para marketing@brasport.com.br
informando se deseja receber nossas newsletters através do seu email.

ROTAPLAN
GRÁFICA E EDITORA LTDA
Rua Álvaro Seixas, 165
Engenho Novo - Rio de Janeiro
Tels.: (21) 2201-2089 / 8898
E-mail: rotaplanrio@gmail.com